中外企业家的故事

郭正中 编

吉林人民出版社

图书在版编目（CIP）数据

中外企业家的故事 / 郭正中编. — 长春：吉林人民出版社，2010.10（2021.3重印）
（青少年探索文库）
ISBN 978-7-206-07096-9

Ⅰ.①中… Ⅱ.①郭… Ⅲ.①企业家—生平事迹—世界—青少年读物 Ⅳ.①K815.38-49

中国版本图书馆CIP数据核字(2010)第192076号

中外企业家的故事

编　　者：郭正中
责任编辑：王　斌
吉林人民出版社出版（长春市人民大街7548号　邮政编码：130022）
印　　刷：三河市燕春印务有限公司
开　　本：700mm×970mm　1/16
印　　张：13　　　　字　数：110千字
标准书号：ISBN 978-7-206-07096-9
版　　次：2010年10月第1版　　印　次：2021年3月第2次印刷
定　　价：39.00元

如发现印装质量问题，影响阅读，请与印刷厂联系调换。

马云	/ 001
俞敏洪	/ 004
张瑞敏	/ 007
柳传志	/ 009
谢企华	/ 012
马化腾	/ 015
牛根生	/ 018
李嘉诚	/ 021
周厚健	/ 024
郑永刚	/ 027

西门子	/ 030
保罗·路透	/ 032
斯坦福	/ 034
李维·施特劳斯	/ 036
诺贝尔	/ 038
岩崎弥太郎	/ 040
卡内基	/ 042
约翰·皮尔庞特·摩根	/ 044
洛克菲勒	/ 047
卡尔·本茨	/ 049
普利策	/ 051
理查德·雷诺兹	/ 053
阿萨·坎德勒	/ 055
马科斯·塞缪尔	/ 057
乔治·伊士曼	/ 059
金·坎普·吉列	/ 061
菲利普兄弟	/ 063
赫斯特	/ 065

目 录

亨利·福特 / 067

贾尼尼 / 069

皮埃尔·杜邦 / 071

托马斯·约翰·沃森 / 073

可可·夏奈尔 / 075

康拉德·希尔顿 / 077

哈兰·山德士 / 079

保罗·格蒂 / 081

李光前 / 083

松下幸之助 / 085

保罗·高尔文 / 087

纽豪斯 / 089

洛维格 / 091

亨利·卢斯 / 093

阿曼德·哈默 / 095

阿迪·达斯勒 / 097

沃尔特·迪斯尼 / 099

雷蒙德·克罗克 / 101

原一平	/ 103
塔塔	/ 105
休斯	/ 107
奥纳西斯	/ 109
本田宗一郎	/ 111
吉田忠雄	/ 114
李秉哲	/ 116
安藤百福	/ 118
陈弼臣	/ 120
井植薰	/ 122
奥格威	/ 124
戴维·帕卡德	/ 126
丰田英二	/ 128
坪内寿夫	/ 130
郑周永	/ 132
林绍良	/ 134
露丝·汉德勒	/ 136
凯瑟琳·格雷厄姆	/ 138

目 录

玫琳凯 / 140

鲍洛奇 / 142

山姆·沃尔顿 / 144

盛田昭夫 / 146

阿尔布雷希特兄弟 / 148

佐川清 / 150

皮尔·卡丹 / 152

中内功 / 154

麦克斯韦尔 / 156

雷石东 / 158

郭鹤年 / 160

艾柯卡 / 163

英格瓦·坎普拉德 / 165

戈登·摩尔 / 167

和田一夫 / 169

李文正 / 171

乔治·索罗斯 / 173

沃伦·巴菲特 / 175

默多克	/ 178
德鲁拜·安巴尼	/ 180
堤义明	/ 182
杰克·韦尔奇	/ 184
杰里·桑德斯	/ 186
金宇中	/ 188
菲尔·耐特	/ 190
特德·特纳	/ 192
谢国民	/ 194
诺兰·布什内尔	/ 196
佩雷尔曼	/ 198

马　云

马云，1964年10月15日出生，浙江省杭州市人，阿里巴巴集团主要创始人之一，现任阿里巴巴集团主席和首席执行官，他是《福布斯》杂志创办50多年来成为封面人物的首位大陆企业家，曾获选为未来全球领袖。1988年在杭州师范学院（现杭州师范大学）英语专业毕业，此后任教于杭州电子科技大学。1995年，在出访美国时首次接触到因特网，回国后创办了网站"中国的黄页"。1997年，加入了中国外经贸部，负责开发其官方站点及中国产品网上交易市场。

1999年，正式辞去公职，创办阿里巴巴网站，开拓电子商务应用，尤其是B2B业务。阿里巴巴成立于互联网比较火热的1999年，之后一年多时间里，阿里巴巴迅速开拓海外市场，总部定在香港。2000年底，网络进入低潮，马云带领他的团队将战线拉回国内,后将总部迁回浙江老家杭州。"互联网寒冬过得太快,如果可能我希望当时能再延长一年。"说起大家渐渐有些淡忘的互联网泡沫时期,马云竟显得很不舍。"真正想做好一个网站,要用智慧、团队去做。你钱再多,也会花光的。"说起两年前,很多同期的电子商务网站风光一时却迅速死亡,马云感到非常庆幸。"我还有很多那个时候的录像,我跟我所有同事讲,感谢上帝给我们这次寒冬,使我们可以静下来,使得我们可以更加专注地做我们应该做的事情。因为2001年的寒冬,这个市场比较有味道了。"

"冬天寒冷的时候,我们提出的口号是:'坚持到底就是胜利',我们坚信网络一定会火起来,只要我们活着,不死就有希望。"不服输近乎偏执的性格让马云反倒因此干劲十足,拿出了红军长征的精神。"我们阿里巴巴那时候做的主要工作第一是'整风运动',统一对互联网的看法,加强信心。第二是成立了'抗日军政大学',主要培养干部队伍。第三是'南泥湾开荒',就是不能靠别人,要靠自己创造财富。"

马云说正是因为公司在电子商务领域专注才有今天的成功,"外面很冷,我们里面是热火朝天,都在那儿学习,在努力。"也是这一年喜欢他的人觉得他执着、有远见,不理解的人觉得这个人神经不太好,像个疯子。"我早已不在乎别人怎么看,如果在乎的话,我们阿里巴巴不会做到今天。我们已经被人家骂的皮特别厚了,刀枪不入。"

现在的阿里巴巴很是孤独,马云笑称,"拿着望远镜也找不到对手"。凭借着网站用户每年 6 万元的会费,阿里巴巴实现了盈利。截止到 2003 年,阿里巴巴网站上共有中小企业用户 210 万,几乎占据中国市场份额的 90%,一次由公司组织的供销会议,世界 500 强企业会有 100 多家来光顾采购,而 70 岁老人和 60 多个国家有生意往来的例子也比比皆是。

俞 敏 洪

俞敏洪出生于1962年10月，于1980年考入北京大学西语系。期间患病休学一年，1985年从北京大学毕业，留校担任北京大学外语系教师。1991年9月，俞敏洪从北大辞职，进入民办教育领域，先后在北京市一些民办学校从事教学与管理工作。1993年11月16日，俞敏洪创办了北京市新东方学校，担任校长。从最初的几十个学生开始了新东方的创业过程。

截止到2000年，新东方学校已经占据了北京约80%，全国50%的出国培训市场，年培训学生数量达20万人次。同时，新东方在线依托于新东方教育科技集团的强大师资力量与教学资源，拥有中国最先进的教学内容开发与制作团队，致力于为广大用户提供个性化、互动化、智能化的卓越在线学习体验。

据英国《金融时报》报道，俞敏洪把他弃教从商的决定，在一定程度上归功于妻子没完没了的唠叨。

他以自己那种特有的坦白说道："我的一些朋友挣到了更多的钱，我妻子希望我也能更成功。她觉得，与他们相比，我是个失败者。"

于是俞敏洪奋起迎接挑战，创建了新东方学校，并将其打造为中国最大的民营教育公司，在 34 个城市建立了英语学校和其它学习中心。在最近一个财政年度，有 100 多万学生入学，将新东方的收入推高了 36%，达到逾 10 亿元人民币（合 1.36 亿美元）。

除了来自妻子的压力之外，俞敏洪表示，他之所以创办新东方，也是由于他没能获得美国大学的奖学金。这位现年 45 岁的企业家表示："我被多所美国大学录取，但没有一所给我提供奖学金。我没有那么多钱啊。如果有人给我奖学金，学什么我都愿意。"

因此，为了筹到足够的钱让自己去美国留学，俞敏洪干起了业余语言家教，同时还在北京大学教授英语。最终，他放弃了这种两班倒的工作方式，因为他意识到，要花 5 年多才能筹到去美国的学费。"就是那个时候，我觉得可能我该试着在这儿做点生意了。"

在好不容易疏通关系，获得了一张开办私人学校的许可证后，1993 年 11 月，他在北京的首家新东方学校向 13 名学生敞开了大门。

此举最终使俞敏洪得以成行美国。但他去年的目的地是纽约证交所，而不是一所大学。自从在纽约证交所进行首次公开发行以来，新东方的市值已升至逾20亿美元。经过配售后，俞敏洪现持有新东方25%的股权，同时通过其它员工和同事持有的股份保留着投票控制权。

坐拥约2亿美元的资金，俞敏洪决心在全国各地开办更多学校，并将业务范围拓展至语言培训以外，新东方很快将增设数学课程。他希望提高新东方的市场份额。目前，中国的语言培训业市场规模为30亿美元，较为割裂，新东方所占的市场份额约为5%。

那么，他的成功是否使他重新赢得了妻子的尊重呢？还没有。俞敏洪笑称："这一次她希望我更多时间呆在家里，现在她认为我挤不出时间，所以还是个失败者。显然我不擅管理自己的妻子。"

张 瑞 敏

张瑞敏，1949年1月生于青岛，籍贯山东莱州，毕业于中国科技大学。现任中共第十六届中央委员会候补委员、海尔集团董事局主席兼首席执行官。

1985年，张瑞敏刚到海尔（青岛电冰箱总厂）。一天，一位朋友要买一台冰箱，结果挑了很多台都有毛病，最后勉强拉走一台。朋友走后，张瑞敏派人把库房里的400多台冰箱全部检查了一遍，发现共有76台存在各种各样的缺陷。张瑞敏把职工们叫到车间，问大家怎么办？多数人提出，也不影响使用，便宜点儿处理给职工算了。当时一台冰箱的价格800多元，相当于一名职工两年的收入。张瑞敏说："我要是允许把这76台冰箱卖了，就等于允许你们明天再生产760台这样的冰箱。"他宣布，这些冰箱要全部砸掉，谁干的谁来砸，并抡起大锤亲手砸了第一锤！很多职工砸冰箱时流下了眼泪。然后，张瑞敏告诉大家——有缺陷的产品就是废品。3年以后，海尔人捧回了中国冰箱行业的第一块国家质量金奖。

他确立了"名牌战略"，带领员工抓住机遇，加快发展，创造了从无到有、从小到大、从弱到强的发展奇迹。26年来，海尔集团已由一个亏空147万元的集体小厂，发展成为2007年全球营业额1180亿元的中国家电第一品牌，并在全世界获得越来越高的美誉度。2008年3月，海尔第二次入选英国《金融时报》评选的"中国十大世界级品牌"。

在管理实践中，张瑞敏将中国传统文化精髓与西方现代管理思想融会贯通，"兼收并蓄、创新发展、自成一家"，创造了富有中国特色、充满竞争力的海尔文化。从"日事日毕、日清日高"的OEC管理模式，到每个人都面向市场的市场链管理，到"人单合一"的发展模式，再到卓越运营的商业模式，张瑞敏在企业管理上的不断创新赢得了世界管理界的高度评价。到2009年为止先后有美国的哈佛大学和南加州大学，瑞士洛桑国际管理学院，法国的欧洲管理学院、日本神户大学等商学院共做了16个案例，涉及企业兼并、财务管理、企业文化等方面，特别是颇具权威的瑞士洛桑国际管理学院为海尔做的"市场链"案例已被纳入欧盟案例库。信息化时代，海尔开始了信息化流程再造，着力打造卓越运营的商业模式，被管理界称为是"海尔的信息化革命"。

柳 传 志

柳传志，江苏镇江人。1966年毕业于西安军事电讯工程学院（西安电子科技大学），高级工程师。现任联想控股有限公司董事长兼总裁，联想集团董事局主席；同时担任中国民间商会副会长，是中共十六大、十七大代表，九届、十届、十一届全国人大代表。

1984年，柳传志与其他10位科研人员以中国科学院计算技术研究所的20万元人民币开始创业。经过20多年的不断发展，他所领导的联想控股有限公司已成为业务横跨实业和投资，在全球具有一定影响力的国际化公司。联想控股现在旗下有联想集团、神州数码、联想投资、融科智地、弘毅投资5家子公司。其中，联想集团、神州数码为中国IT领域的领先企业。特别是联想集团，在2004年并购IBM全球个人电脑业务后，已成为全球第四大个人电脑厂商。

柳传志争取追随者的第一步——"人行得正"。"在公司里面，我对他们要求挺严格，大家还都信我，甚至离开公司的人，想自己发展的人，也不会出去说联想不好。这其中，我觉得有一点很重要，就是决不搞宗派，决不给自己谋私利。不仅是不谋私利，对人处事还要公正。今天我把A训了一通，明天当他发现，其他人犯了错误也一样挨训的时候，他就不会感到委屈。"

争取追随者以身作则、身先士卒很重要，"创业的时候，我没高报酬，我吸引谁？就凭着我多干，能力强，拿得少，来吸引住更多的志同道合的老同志。"

"要部下信你，还要有具体办法，通过实践证明你的办法是对的。我跟下级交往，事情怎么决定有3个原则：同事提出的想法，我自己想不清楚，在这种情况下，肯定按照人家的想法做；当我和同事都有看法，分不清谁对谁错，发生争执的时候，我采取的办法是，按你说的做，但是，我要把我的忠告告诉你，最后要找后帐，成与否要有个总结。你做对了，表扬你，承认你对，我再反思我当初为什么要那么做。你做错了，你得给我说明白，当初为什么不按我说的做，我的话，你为什么不认真考虑；第三种情况是，当我把事想清楚了，我就坚决地按照我想的做。"

"第二种情形很重要，不独断专行，尊重人家意见，但是要找后帐。这样做会大大增加自己的势能。""其次,是取信于领导,取信于用户和合作者,取信于员工。说到的事情一定要做到,要不然,你就别说。联想订的指标全都不冒,联想定的指标肯定是超额完成,谁也不敢说大话。另外,公司立的规矩一定要不管不顾地坚持。比如公司开会迟到罚站的规矩。传了十几年了,传下来不容易,因为不断地来新人,谁信这个。"

在领导方式方面,柳传志认为,当企业小的时候,一定要身先士卒,但是当公司上了一定规模以后,一定要退下来。"要做大事,非得退下来,用人去做。如果我一直身先士卒,就没有今天的联想了,我现在已经退到了制片人的角色。现在包括主持策划,都是由年青人自己搞,他们自己的事,由他们主持策划,我只是谈谈未来的方向。"

2001年,柳传志被美国《时代周刊》评选为"全球25位最有影响力的商界领袖"之一。2005年,被美中关系全国委员会(NCUSCR)授予"推动美中关系杰出贡献个人"表彰,这是该组织成立40年以来将此奖项第一次颁发给非美籍人士。2009年4月获得"时代领跑者——新中国成立以来最具影响的劳动模范"光荣称号,2009年12月被评为CCTV中国经济年度人物"中国经济十年商业领袖"。

谢 企 华

谢企华出生于1943年，1966年毕业于清华大学土木工程系，大学一毕业，她就投身到了钢铁行业。1978年，谢企华被选进了宝钢筹建班子，任一名普通的技术员。新日铁一些鲜活的商业基因和技术流程管理，让谢企华兴奋不已。她就像一个山里的孩子来到大海旁边，那种浩瀚与壮阔一下子征服了她。她怀着根深蒂固的谦卑，对所有新事物都张开臂膀，拦在怀中。渐渐的，她成了行家里手，日本经理人感觉她是最好的对话者，中国经理们感到，她是个离不开的助手。于是，她很快就脱颖而出获得宝钢工程指挥部基建处技术组组长、副科长、副处长、计划处处长，指挥部指挥助理、副指挥。1993年1月，兼任宝钢集团计划发展部部长。1994年更获得宝钢副董事长兼总经理的任命。

一干就是 30 多年。她对钢铁行业有着很深的感情，谈起钢铁她有说不完的话："我国已经连续六年钢产量世界第一。我记得当时我们钢铁从 535 万吨到 1 070 万吨，等于是动员了全国大炼钢铁；我们从 3 000 万吨到 9 000 万吨这样的发展，也经过了几代人的努力。所以我们超过 1 亿吨的时候，全国的钢铁业都是欢欣鼓舞的。"对于中国钢铁行业的发展，谢企华仍然感到任重道远，她说，"我们既是生产量最大的国家，又是进口量最大的国家，问题的关键，一个就是我们在技术装备上还没能达到世界上先进装备的程度；另外我们在技术方面也还没有能够完全掌握。从全球来讲整个钢铁的产能应该说是远远供大于求的，这样对我们来讲压力就是进一步提高我们的钢铁技术含量，增加我们的产品品种。""现在我们宝钢跟世界的钢铁顶尖企业还有差距，这个差距就要靠我们比它们发展更快的速度才能赶上。本来已经有差距，如果我们的速度跟它一样，那这个差距会继续保持。那么这个高的速度来自哪儿呢？就是我们的创新，包括我们在技术上，也包括我们在装备上，更是在掌握这些技术装备的人才的素质上面。"

谈到宝钢的发展和谢企华的管理，人们不能不想到宝钢的管理制度，当有人问谢企华，"您的下属怕您吗？"她笑着说，"现在用不着怕我。我们严格的制度已经制约了所有的人。"谢企华的办公室里有很多精巧的摆设，其实谢企华就是凭着女性的细腻，管理着一个庞大的钢铁航母。对于女企业家的特点，谢企华说，"我觉得不光是管理钢铁企业，可能管理任何企业女性都有一定的优势，因为女性考虑问题比较细致，另外对员工，对我们管理层之间大家亲和力比较大一点。"

这位引起世界瞩目的中国女企业家，她引领中国最大的钢铁企业——宝钢集团成功地走过了一段创业路程。自1994年担任总经理以来，面对国内外钢铁市场日趋激烈的竞争，各种不利因素综合叠加的困难环境，她始终把压力变动力，并以"财务管理为中心"和"集中一贯管理"的经营谋略和独具宝钢特色的管理模式，不断追求高效率、高质量、高效益。她使宝钢沿着"引进、消化、开发、创新"之路，不断成长壮大，累计实现销售收入1 790.82亿元、利润总额232.63亿元，上交财政的利税累计达395.54亿元，创汇35.25亿美元。

马 化 腾

马化腾，1971年10月出生于广东潮阳，1984年随父母从海南迁至深圳。腾讯主要创办人之一，现担任公司控股董事会主席兼首席执行官。

马化腾是个崇尚共享、自由精神的人，不会单纯强调"我"的价值，他知道团队的意义。腾讯的几个创始人都曾在深圳电信、网络界有多年的从业经验，几乎是深圳第一批搞互联网的人，这无疑可以在技术和业务层面为腾讯提供很多帮助。"创业不是说着玩的事，腾讯也并非一帆风顺。一开始，我们的服务器都无处托管，创建一家公司可比写软件复杂多了。"马化腾感觉创业初期还是有许多东西可以回味。

"从1998年开始，我就考虑独立创业，却一直没想清楚要做什么，但创业的想法并没有起伏，我知道自己对着迷的事情完全有能力做好。我感觉可以在寻呼与网络两大资源中找到空间。"对于如何将寻呼与网络联系起来发展业务马化腾早有自己的想法，但对于是否上马 ICQ 项目，当时腾讯的股东方的确存在过激烈的争论。"最后，对网络技术发展方向的认同感使大家求同存异，我们开始对 ICQ 技术倾注偏爱。" ICQ 是一种基于 INTERNET 的即时通信工具，它集寻呼、聊天、电子邮件和文件传输多种功能于一身。当用户将 ICQ 安装在个人电脑上，它就会嵌入 Window 系统，成为桌面上的图标，用户每打次打开计算机，它就是一个固定设备。互联网用户可借此知道朋友是否在上网并可进行直接交流。三个年轻人看到了用户对中文环境 ICQ 服务有极大的需求，自主开发了基于 INTERNET 的网上中文 ICQ 服务，并成为全国在线人数最多的中文 ICQ 服务商。

"我们曾险些把开发出的 ICQ 软件以 60 万元的价格卖给别人。现在有点庆幸当初没有贸然行事。要在互联网上掘金就不能只看到眼前利益。许多很有才华的网络人才往往没有注意这一点而失去了长远机会。"马化腾经常这样告知同行。

在新兴互联网市场中淘金，是一项艰苦的工作。当时，这家十几个人的小公司的主要业务是为深圳电信、深圳联通和一些寻呼台做项目，QQ 只是公司的副产品。整个公司经常为了一个项目倾巢而出，还要时刻避免露出马脚。为了给客户留下很有实力的印象，那时马化腾的名片上从来不印"总经理"的字样，而只带"工程师"的头衔——在深圳，像腾讯这样的公司有上百家，马化腾当时的期望，只是公司能生存下来。

  2009 年，腾讯入选《财富》"全球最受尊敬 50 家公司"。在 2010 年由财经杂志《新财富》发布的"2010 新财富 500 富人榜"上，马化腾以 334.2 亿元的身家位列第五。

牛 根 生

牛根生，内蒙古人，中国社会科学院研究生院工商管理硕士，曾到北京大学深造，蒙牛乳业集团的创始人。牛根生于1999年创办蒙牛乳业，在"一无工厂，二无奶源，三无市场"的困境下开拓进取，使现在的蒙牛"一有全球样板工厂，二有国际示范牧场，三有液态奶销量全国第一"。目前，蒙牛已在全国14个省级行政区建起20多座生产基地。产品覆盖全国除台湾省外的所有地区。开发的产品有液态奶、冰淇淋、奶品等三大系列100多个品种。牛根生信奉"小胜凭智，大胜靠德"、"财聚人散，财散人聚"的经营哲学，其领导的蒙牛与亿万消费者、千万股民、百万奶农及数十万产销大军结成命运共同体，被人们称为西部大开发以来"中国最大的造饭碗企业"。

蒙牛乳业迅速崛起，一跃成为中国乳业史上的一个显著品牌，牛根生伴随着蒙牛乳业一举成名。2003年10月15日，中国首位航天员杨利伟上天，蒙牛成了唯一的牛奶赞助商。同年11月18日，央视2004年黄金段位广告招标会上，牛根生猛砸3.1亿元，一举夺取了"标王"。外界在评论牛根生领导下的蒙牛集团高速成长时常用的一个词汇是："奇迹"。这个"奇迹"的轨迹是：3年时间，蒙牛乳业从行业排名千名之外到跻身四强，并成功打造出一个中国驰名商标。

蒙牛完成融资后，牛根生表示，蒙牛今后会通过在资本市场上的一系列运作收购兼并一些大的地方品牌乳品企业，收购后蒙牛会继续使用这些品牌，然后再慢慢统一到蒙牛的品牌上来。牛根生曾经有一句名言，蒙牛有一个飞船定律，不是在高速中成长，就是在高速中毁灭。如果达不到环绕速度，那么只能掉下来；只有超越环绕速度，企业才能永续发展。牛根生的品牌理念是：逆其道而行之，借力壮大，站在巨人的肩膀上，把对手抛在后面。牛根生的目标不单是要做到全国前列，他对能够参加APEC会议感慨万千："一个卖牛奶、卖雪糕的可以参加这个国际盛会，不容易啊！"他说蒙牛是代表中国120万名奶农，走向国际市场。牛根生的魅力之一在于他的速度，短短几年跨越千倍的成长；牛根生的魅力之二在于他的忍性，在伊利光环下的"勇做第二"；牛根生的魅力之三在于他的嗅觉，无论商业的、还是政治的机遇都很好的把握住了。

1999年1月蒙牛正式注册成立，注册资金100万。2002

年,蒙牛乳业被北京一家著名财经媒体评为中国市场成长最快的企业,从4 000万元到85个亿,用了不到24个月,财富增长速度超过了世界巨无霸的微软帝国,缔造了令世人敬畏的"蒙牛速度"。

李 嘉 诚

　　李嘉诚，现任长江实业集团有限公司董事局主席兼总经理。1928年出生于广东潮州，1940年为躲避日本侵略者的压迫，全家逃难到香港。1958年，李嘉诚开始投资地产市场。1979年，"长江"购入老牌英资商行——"和记黄埔"，李嘉诚因而成为首位收购英资商行的华人。1981年获选为"香港风云人物"、1981年获委任为太平绅士、1989年获英女皇颁发的CBE勋衔、1992年被聘为港事顾问、95年至97年任特区筹备委员会委员、被评选为93年度香港"风云人物"、1999年亚洲首富等。

　　李嘉诚酷爱读书。每天白天工作之后，晚上他还要买些旧书来自学，学完的旧书再拿到旧书店去卖，再用卖掉的钱买"新"的旧书。这样既学到了知识，又节省了很多钱。17岁的李嘉诚曾在一家五金制造厂以及塑胶带制造公司当推销员，开始了香港人称之为"行街仔"的推销生涯。当今世界很多杰出的企业家都从事过推销工作。推销是一门十分复杂而且不容易学会的工作。最初，李嘉诚向客户推销产品之前，心情总是十分紧张。于是他就在出门前或者路上把要说的话想好，反复练习，从而成功地克服了紧张的心理。渐渐地，李嘉诚发现自己不仅推销有术，而且大有潜力。他那与生俱来的观察能力和分析能力十分适合于做推销员。他总是能凭着直觉看出客户是什么类型的人物，并且能马上了解客户的心理和性格，从而定好相应的推销策略。

　　自己必须充满自信，而且要熟悉所推销的产品，尽最大努力，设法让客户感到你的产品是廉价而且优秀的。很快，李嘉诚成了全公司的佼佼者。但李嘉诚从来不喜欢高谈阔论，他认为从事推销工作，重要的有两点：一是勤劳，二是创新。由于出色的推销成绩，李嘉诚18岁就做了部门经理，两年后又被提升为这家塑胶带制造公司的总经理。

　　走南闯北的推销生涯，不仅初步形成了李嘉诚的商业头脑，丰富了他的商业知识，而且也使李嘉诚结识了很多好朋友，教会了他各种各样的社会知识。同时，在推销过程中，也使他学会了宽厚待人、诚实处世的做人哲学，为他日后事业的发展，打下了良好的基础。

　　出身寒门的李嘉诚通过半个世纪不懈的努力和奋斗，从一个普通人成为商界名人并取得了令人瞩目的成就。每当提起他的成功,李嘉诚总是坦然告知,良好的处世哲学和用人之道是他成功的前提。

周 厚 健

周厚健,海信集团有限公司董事长,山东牟平人,1957年8月出生,1982年7月毕业于山东大学电子系。山东省专业技术拔尖人才,山东省优秀企业家,中国优秀青年企业家,原电子工业部优秀企业家并被授予"金牛奖"。荣获中国"五一"劳动奖章,全国劳动模范,荣获"环球杯"世界青年企业家大奖赛"经营才能特别奖"(中国唯一获此殊荣者),2000年度被评为"CCTV2000经济年度风云人物"。2002年荣获中国质量管理突出贡献者称号。

在1988年的时候,青岛厂长经理学习班为周厚健洞开了一座奇异的天地,第一次发现管理中也要用到很多数学模型,第一次认识到管理也是一门科学。升任厂长助理后,周厚健不再继续攻读最新的集成电路设计,开始如饥似渴地读管理方面

的书。步步积累，周厚健走上了管理之路。从1982年走进青岛电视机厂的车间到1992年周厚健出任青岛电视机厂长，厂里的技术、财务、人事、生产周厚健都干过，且在技术方面解决了困扰全厂的新产品技术难题，成为厂中的设计骨干。

1994年青岛电视机厂改名为海信集团。此时的青岛电视机厂在国内已有一定的知名度，名列中国工业500强之列，各项经济指标和经济效益已达到了一个相当的高度，"青岛"的牌子已经根深蒂固了，为何改名从零开始一个新的品牌？在海信的曲折发展中，周厚健认为改名海信是海信集团的最大转折点，海信能从反对和质疑中冲出水面，它便被赋予力挽狂澜、推尘出新的生命力。周厚健一语道破改名海信的目的和意义：青岛电视机厂牌子虽老，但却带着浓厚的计划经济色彩，要搞市场经济，现代化大公司就决不能"穿旧鞋走新路"。海信要建立国际化的大公司，就必须要从各个方面与国际接轨。但一个老厂真正要与市场经济决裂不只改个名字那么简单，海信的横空出世，经历了痛苦的蜕变过程。周厚健借改名的契机，引进了改革经营体制、完善十大体系，引进CI战略，树立企业形象，确立名牌战略的一系列措施，1994年海信彻底告别计划经济。在以后的不到4年的时间里，海信集团工业总产值增长了近4倍，利税增长了5倍多，职工收入增长了1倍，海信成为同行业经济效益最好的企业之一。

1994年，家电业进入引进外资高潮。当海信迫切希望世界关注的目光时，国外的几家大公司也不约而同地将目光投向了海信。但合资是要有前提的，周厚健对此决不让步，一是要合资就必须使用"海信"的品牌；二是海信必须控股。周厚健认为，国内最可宝贵的资源就是市场，最应该珍视的就是产品的品牌，在今天中国的电视机产业已经能够从各个方面满足消费者需要的情况下，无限制地进行合资就等于出让市场，出让中国人自己的品牌。由于海信的坚持，一些国际家电巨头派外要员被拒门外。海信要构建中国人自己的品牌，最后海信"未曾合资先出击"，"先"字让周厚健抢占主动，在南非、印尼、日本开发海外市场。1994年海信决定把产品定位在东芝第三代"火箭炮"高品位技术上，引进部分技术设备，自制生产线，走自我改造的路子，这个举措让海信有了自己的强盛的生命力，而不是机械照搬照抄，全套购进东芝的设备，永远走在别人的屁股后。周厚健的选择虽为海信节省了1个亿资金，但真正有价值的是，海信的技术中心和科研人员"嫁接"出了具有90年代先进生产水平的大屏幕生产线，被专家们鉴定为"使国产彩电技术上了一个新台阶。"

郑 永 刚

郑永刚，1958年生，毕业于南京理工大学，获硕士学位。先后担任宁波甬港服装总厂厂长、宁波杉杉股份有限公司董事长、总经理。1994年任中国杉杉集团有限公司董事长、总裁至今，并兼任中国服装协会副会长、上海国际时尚联合会常务副会长。1999年始被聘为上海市人民政府决策咨询专家。

1989年，郑永刚在服装业率先提出并成功实施名牌发展战略，促进了整个行业"名牌意识"的觉醒。1997年，郑永刚在业界提出"名牌、名企、名师"的三名联合，有力推动了设计师与企业的结合，促进了中国服饰文化的繁荣。1999年，郑永刚在企业内实施的国际化多品牌战略，又一次推动了中国服装名牌战略由生产营销型为主向以设计创新型为主的转型。

郑永刚在生活中并没有大公司老总那种总是有处理不完的

公务,总是要工作到很晚,似乎工作就是生活的全部的现象。每天工作不超过 8 小时,还常有时间和太太一起散步、和朋友一起聊天,每个星期一必不可少地打两场高尔夫球,他实在是过得太潇洒了。后来有人让郑永刚谈谈其中的奥秘,郑永刚毫不遮掩地说:其实每一个人都分配一项工作,等于是每个人就吃自己前面的一碗饭,如果你把别人的饭给吃了,别人饿了,你也撑了,就这么回事,工作也是一样,所以必须掌握管理技巧。52 个公司,这么多人你能一一管得了吗?你不能管。如果你使用宝塔型的管理,你就会管好你的团队的人,他们再去管中层的人,再让他们去管,就是一层一层的管理,这宝塔型的管理、是科学的管理,也是最好的。如果你一竿子插到底,那你苦也苦了,最后事也做不好。通过宝塔型管理,你就会有更多时间来思考、来决策。同时,作为公司的决策人需要有个健康的心态健康的身体,这是对事业的一个最大的保障,一个人生活在自由放松的环境里,可以随意交往,谋略策划未来。这一切都需要时间,而一个企业家的时间来源也许就在于"宝塔型管理"。

在创业初期,郑永刚捷足先登,开始"抢夺"人才。设计大师王新元是众多对手争取的目标,1996 年,在国内服装界、杉杉却率先聘请其为首席设计师;西装老"红帮"第六代传人张桥梁,也被郑永刚"抢来",将他委托为总工艺师,并提升了他的工资,请他设计出最好的西装。这位设计高手,见郑永刚如此诚心重用，就使出了浑身解数，精心设计了一个又一个新型的西装式样。其中有一个式样获得了全国西装设计一等奖；叶英伟是享誉意大利、香港等地西装权威，原是梦特娇公司技术顾问，重金难以招聘，郑永刚就通过组织中外合资的形式，与他合建一时装公司，由他负责杉杉的开发，并对杉杉进行指导，他的到来，不仅带来了他本人的技术、业务，同时引进了一批在他周围的以及跟他学过艺的西服才子，从而使杉杉的品牌大大提高。郑永刚"宝塔型管理"有一个显著特点，不仅要"抢来"人才，而且更应该经营人才。杉杉一方面用重金和一流的环境吸引人，另一方面建立符合现代的用人机制，对人才委以重任，任人才充分施展才华和本领。

世纪跨越之时，杉杉投资上千万成立设计总部，同时郑永刚通过各种途径，网罗了许多具有真才实学的人士；同时把总部迁到上海市。第一年，杉杉就吸引了60余名国内外高级人才，杉杉人才队伍中不仅有一批教授、高工、院长等高级人才，还有一批来自意大利、法国、日本的设计师。

西 门 子

西门子是德国工程学家、企业家、电动机、发电机、有轨电车和指南针式电报机的发明人,改进过海底电缆,提出平炉炼钢法,革新了炼钢工艺,西门子公司创始人。

1816年,西门子生于汉诺威一个农民家庭,在家中14个孩子里排行第4。因为家境贫困,西门子没有念完中学。

1835年,西门子加入了普鲁士军队,在柏林炮兵工程学校接受了专门培训,系统地学习数学、物理、化学和弹道学等方面知识。在受训之后,西门子被晋升为中尉,并埋头于科研工作和技术发明。

1847年,西门子和机械工程师哈尔斯克依靠自己堂兄的投资,建立了西门子哈尔斯克电报机制造公司,主要生产西门子发明的指南针式电报机,这个公司也就是后来西门子公司的前身。1848年，西门子公司赢得了法兰克福至柏林的电报线路合同，从此开始了大发展。

1853年，西门子哈尔斯克开始在俄国建造电报网络，并于两年后结束了工程。网络全长1万公里。公司与俄国政府签订了"长期远程"特别维修合同，并被官方指定为"沙皇俄国电报系统建造与维修承包商"。

1866年，西门子发明了发电机的工作原理，并由西门子公司的一名工程师完成了人类第一台发电机。同年，西门子还发明了第一台直流电动机。西门子研发的这些技术往往马上被产品化投入市场，或者将其应用到新的产品中。例如有轨电车（1881）、无轨电车（1882）、电梯（1880）、电气火车（1879）等都是西门子公司利用其创始人的发明最先投入市场的。

1890年，西门子退休。此前德皇弗里德里希三世授予其贵族称号。西门子的名字也被用来命名电导率的单位。

1892年，西门子在他自传变成铅字的时候离开了人世。

保罗·路透

1816年7月22日,路透出生在德国小城卡塞尔的一个学者家庭,父母均为犹太人。1829年其父去世,13岁的路透中止学业,不久去格廷根市到他叔父办的银行里任小职员。路透从小数学很出色,对富于数学变化的汇兑业务颇感兴趣。在这座商业城市里,他还逢场作戏地当过推销员,作过沿街叫卖的小贩。这些经历使他积累了经商的才能和经验。

1848年,路透来到柏林经营一家书店。当时欧洲政局动荡,人们对议论政治的读物很感兴趣,争相购买和阅读。路透也开始印刷和发行有政治内容的刊物和书籍。

1849年,路透在巴黎开始独立经营新闻业务。路透的服务对象是德国的地方报纸,这些报纸很想刊登法国的消息,路透每天把一大堆法文报刊粗略地看一遍,从中选适合德国人口味的新闻编译成稿件。

1851年，路透来到英国伦敦，在伦敦皇家股票交易所附近租用两个房间，正式建立路透通讯社。路透社成立整一个月时，即11月13日，横贯英法间海峡的海底电缆正式投入使用。路透把欧洲大陆发来的金融、商业消息编成"路透社快讯"，供给英国的交易所、银行、股票商、投资公司、贸易公司，同时向巴黎、柏林、维也纳、阿姆斯特丹等地发布商情消息。到了1852年，"路透社快讯"的名声已远扬东欧地区。

1865年，路透的通讯社成了总资本为25万英镑的股份有限公司。1870年，路透社与哈瓦斯社、沃尔夫社，缔结了一个划分采访和发布新闻范围的协定。随后美联社也参加了这一协定。根据协定，路透社分配的地盘为：英帝国、埃及（同哈瓦斯社合作）、土耳其及远东等。

1899年2月25日，他走完了自己生命的最后旅程。人们在伦敦皇家股票交易所里为他竖立了一尊大理石雕像。路透的名字与他的"通讯帝国"一起，在世世代代流传。

现在，路透社是世界四大通讯社之一，也是英国创办最早的通讯社。

斯 坦 福

1824年3月9日,斯坦福诞生在纽约州一个大农场主的家庭里。他排行第四。

1831年,斯坦福的父亲承包了从奥尔巴尼到他县城的15英里铁路工程。当时只有7岁的斯坦福就已经是个懂事的孩子了,每到星期六,他就帮父亲在承包的铁路工程上挖土。

1836年,斯坦福遵从他父亲的意思放弃学业参加工作,尽管斯坦福仍想上学,但他是个孝子,父命难违,于是便一面工作一面自学。两年后,斯坦福到克林顿自由学院读书,主攻法律。1845年,斯坦福到纽约州首府奥尔巴尼律师事务所工作。1848年,他顺利取得律师资格。

1855年,斯坦福接管了哥哥小乔赛亚在萨克拉门托的食品杂货店。并以此为基地,成功地把几年来在加州各地建起来的连锁店合并为一家食品经营集团。可以说,斯坦福的食品杂货生意是成功的,也给他带来了不少的财富,但这种小本经营却始终无法形成规模,更无法构成任何影响力。

1861年,斯坦福和其他6位商人一起,向朱达中央太平洋铁路公司注入了15万美元,作为种子基金。斯坦福和伙伴们憧憬着到内华达州发展铁路事业,因为就在那里的卡姆斯托克矿脉,人们发现了大量稀有的金属。

1863年1月8日,贯穿美国的大铁路终于上马动工,隆重的开工典礼在工地正式举行。州长兼铁路公司总裁斯坦福,乘坐四马拖拉、两侧插满小旗的黑色马车到来。

1893年,斯坦福与世长辞,享年69岁。

李维·施特劳斯

1829年,李维·施特劳斯出生于一个德国的小职员的家庭,作为德籍犹太人,李维从小就很聪明,顺顺利利地上完中学、大学,就如他的父辈一样,他当上了一个文员。

1850年,美国西部发现了大片金矿,淘金的美梦每个人都在做。李维·施特劳斯当时20多岁,他心中的冒险因子在蠢蠢欲动,于是他来到了美国旧金山,开了一家日用品小店,他不从土里淘金,而是从淘金人身上开始自己新的梦想。

1853年,第一条日后被称为"牛仔裤"的帆布工装裤在李维·施特劳斯手中诞生了,当时它被工人们叫作"李维氏工装裤"。李维正式成立了自己的牛仔裤公司,开始了这个著名品牌的发展之路。

1872年,李维·斯特劳斯在基本定型的牛仔裤的基础上申请了牛仔裤的生产专利。

  1890年，李维又推出了最经典的李维501系列，直到今天，它依旧是李维的拳头产品，多少次，李维公司依靠它起死回生。对于今天的新新人类而言，当别人穿"Lee"或"苹果牌"时，他一定要穿"Levi's"；如果别人都穿起了"Levi's"，他一定要穿"501"。

  第一个发明牛仔裤的人，创立了著名品牌"Levi's"，1979年，李维公司在美国国内总销售额达13.39亿美元，国外销售盈利超过20亿美元，雄居世界10大企业之列，他由此成为最富有的牛仔裤大王。

诺 贝 尔

1833年10月21日,阿尔弗雷德·诺贝尔生于瑞典首都斯德哥尔摩。父亲伊曼纽尔是一位天才的发明家。母亲是发现淋巴管的瑞典博物学家鲁德贝克的后裔。

1850年,为了家族生意,父亲派诺贝尔去巴黎学习化学,一年后他又去美国在船舶设计家艾里克逊指导下学习4年。他善于观察、认真学习,知识迅速积累,很快成为一名精通多种语言并且训练有素的科学家,尽管他没有取得任何学历。

1862年,经过50多次准确的试验后,当时只有30岁的诺贝尔,终于发现了一种非常容易引起爆炸的物质——雷酸汞,他用雷酸汞做成炸药的引爆物,成功地解决了炸药的引爆问题。这是他第一项划时代的发明,即所谓"诺贝尔专利雷管",它是诺贝尔科学道路上的一次重大突破。

1864年10月,阿尔弗雷德同他的父亲、斯密特和另外几个人一道,建立了世界上第一座硝化甘油有限公司。第二年,这家硝化甘油有限公司在经过很多挫折之后,终于被许可在荒郊建厂。

1875年,他又将92%的硝化甘油与8%的硝化纤维混合,制成了比硝化甘油爆炸威力更强的炸药,可用于岩石爆破。1887年,诺贝尔经过多次实验,又制得了无烟火药,适于做枪炮子弹的发射药。

1896年12月10日,这位大科学家、大发明家和实验家,由于心脏病突然发作而逝世。

诺贝尔一生的发明极多,获得的专利就有255种,其中仅炸药就达129种。他的发明兴趣不仅限于炸药,作为发明家、科学家,他有着丰富的想象力和不屈不挠的毅力。他曾经研究过合成橡胶、人造丝,做过改进唱片、电话、电池、电灯零部件等方面的实验,还创立了诺贝尔奖。

岩崎弥太郎

1834年12月11日,岩崎弥太郎出生于安艺郡井口村。父亲弥次郎是个"地下浪人",因家境中落丧失了乡居武士的地位,不再有武士家族的荣耀。

1870年9月底,弥太郎来到东京,与别人成立了"九十九商会",弥太郎是负责人。

1873年3月,"九十九商会"改为"三菱商会"。

1874年,日本侵略台湾,弥太郎积极向内务大臣请示承揽一切军需输送工作。大臣同意政府购买13艘汽船,托与三菱。1877年日本国内发生西南之役,三菱全力参与军事运输,又发了一笔横财。至此,三菱共拥有61艘汽船,吨位高达35 464吨,占全日本汽船总吨位的73%,一跃而成为日本国"海上霸主"。

1881年，一直庇护三菱的政府核心人物大限重信失势下野，而跟三井息息相关的伊藤组成长洲藩阀政府。伊藤惟恐大限的政治影响力与岩崎的雄厚财力相结合，会对政府造成极大的威胁，便与三井公司联手成立一家实力空前的大公司——共同运输公司，试图压垮三菱的海运公司，断绝三菱的财源。这两家公司竞争的最终结果是于1885年2月5日签订临时协定，在运费等方面做出统一规定。

1885年，因为长期劳累，饮酒过量，岩崎弥太郎罹患胃癌。2月7日，病情突然恶化，撒手人寰，结束了他波澜起伏的传奇一生。

卡 内 基

1835年11月25日,安德鲁·卡内基出生于苏格兰古都丹弗姆林。

1853年,宾夕法尼亚州铁路公司西部管区主任斯考特看中了有高超的电报技术的卡内基,聘他去当私人电报员兼秘书,每月薪水35美元。在宾夕法尼亚铁路公司的10余年中,卡内基凭着自己的勤奋和机灵,24岁就升任该公司西部管区主任,年薪1500美元,并逐步掌握了现代化大企业的管理技巧。这种技巧是他后来组织庞大的钢铁企业时必不可少的。

1863年卡内基成立了联合制铁公司。当时,美国的钢铁生产经营极为分散,从采矿、炼铁到最终制成铁轨、铁板等成品,中间需经过许多厂家。加上中间商在每个产销环节层层加码,致使最终产品的成本很高。卡内基深知传统钢铁企业的这些弊病，他决心建立一个全新的、囊括整个生产过程的供、产、销一体化的现代钢铁公司。

1890年，卡内基将公司名称变为卡内基钢铁公司，资金增长到2 500万美元，他持公司半数以上股份。到了19世纪末20世纪初，卡内基钢铁公司已成为世界上最大的钢铁企业。它拥有2万多员工以及世界上最先进的设备，它的年产量超过了英国全国的钢铁产量，它的年收益额达4 000万美元。卡内基是公司的最大股东，但他并不担任董事长、总经理之类的职务。他的成功在很大程度上取决于他任用了一批懂技术、懂管理的人才。

1902年，卡内基在他的第二故乡匹兹堡创办了"卡内基大学"。现在卡耐基——梅隆大学已经是一所颇具实力的美国私立大学。

卡内基钢铁公司通过白手起家建立起一个生产钢铁的大型钢铁联合企业，且数十年保持世界最大钢铁厂的地位，几乎垄断了美国钢铁市场。卡内基与洛克菲勒、摩根并立，是当时美国经济界的三大巨头。

约翰·皮尔庞特·摩根

1837年4月17日,约翰·皮尔庞特·摩根出生在美国康涅狄格州小城一个富有家庭,其祖父和父亲都是成功的商人。

1862年,美国的南北战争已经爆发。一次在和朋友闲聊中,摩根得知,北军伤亡惨重,他顿时联想到,战事不好定会引起金价上涨,于是他和朋友设了个圈套。他们先秘密买下了500万的黄金,把一半汇给当时的金融中心——伦敦时,故意泄露出北军战败的消息,由此引起金价上涨,然后再把手里的一半抛出,这样,他们大赚了一笔。

1864年,摩根成立了达布尼·摩根公司,专门从事债券、商业票据、通货和黄金的买卖。

1879年,摩根涉足承销私人企业发行股票的融资业务,他成功地为范德尔比特承销了纽约中央铁路公司的25万股普通

股,从此他赢得了伦敦和美国企业家、金融界的信任和肯定。

1882年2月,摩根在麦迪逊街219号寓所宴请美、英、法等投资企业的代表及全国主要铁路的领导人,达成了铁路联盟,共同提高铁路运费。这次会议被美国史学家称为"历史性的摩根会议",从此以后,美国铁路界及金融界经营都成为"摩根化"模式,即进入了所谓"美国经营摩根化"时代。

1904年4月1日,在经过了几次交谈之后,卡内基决定把自己的产业以时价1.5倍的价格卖给摩根。这次交易"以5亿美元以上达成协议"。合并后的U·S·钢铁正式宣告成立,举行了盛大的新闻发布会,宣布了新公司的资金是8.5亿美元。

1913年1月7日,摩根乘船前往开罗。出发前,他悄悄立下了遗嘱:"把我埋在哈特福德,葬礼在纽约的圣·乔治教堂举行。不要演说,也不要人给我吊丧,我只希望静静地听黑人歌手亨利·巴雷独唱。"3月31日,摩根逝世。

从1861年创立摩根商行,经过半个世纪的努力,摩根创建了一个庞大的帝国。摩根家族包括银行家信托公司、保证信托公司、第一国家银行,总资产34亿美元。摩根同盟总资本约48亿美元,由国家城市银行、契约国家银行组成。摩根同盟与摩根家族被总称为摩根联盟。摩根联盟中,以摩根公司为轴进行董事部连锁领导,大金融资本与超过20万的主力金融机构互相连结,这样就构成了结构庞大、组织严密的"摩根体系"。到1929年世界经济危机之前,摩根体系已经拥有780亿美元的总资本，相当于全美所有资本的四分之一，167名摩根董事控制着整个摩根体系，贯彻着摩根从华尔街发出的指令。摩根是名副其实的华尔街神经中枢。

洛克菲勒

1839年7月8日,约翰·洛克菲勒出生于纽约州哈得逊河畔的一个小镇。16岁那年,洛克菲勒决定到商界谋生。为了寻找工作,他在克利夫兰的街上跑了几个星期。9月26日,他在一家经营谷物的商行当上了会计办事员。从此,这个日子就成了他个人日历中的喜庆纪念日,他把它作为第二个生日来庆祝。

1858年,洛克菲勒辞掉工作,认识了和他有过相同工作经历的英国人克拉克。洛克菲勒向父亲借了1 000美元,与克拉克合伙成立了"克拉克·洛克菲勒经纪公司",把美国西部的谷物、肉类出售到欧洲。

1870年1月10日,洛克菲勒创建了一家资本额为100万美元的新公司,它的名字就是标准石油公司。身为公司创办人和总裁的洛克菲勒获得了公司最多的股权,当时他年仅30岁。科学的管理、精细的经营、高质量的产品为标准石油公司赢得了声誉,也具备了坚实的竞争能力。

1882年1月20日,洛克菲勒召开"标准石油公司"股东大会,组成9人的"受托委员会",掌管所有标准石油公司的股票和附属公司的股票。洛克菲勒理所当然地成为该委员会的委员长。随后,受托委员会发行了70万张信托证书,仅洛克菲勒等4人就拥有46万多张,占总数的三分之二。就这样,洛克菲勒如愿以偿地创建了一个史无前例的联合事业——托拉斯。洛克菲勒合并了40多家厂商,垄断了全国80%的炼油工业和90%的油管生意。

1896年,洛克菲勒离开了标准石油公司总部——纽约百老汇路26号。在退休后的41年里,他把主要精力放在慈善事业上。

1937年5月23日,洛克菲勒去世,享年98岁。

卡尔·本茨

1844年，本茨以遗腹子的身份出生于德国，父亲原是一位火车司机，但在他出世前的1843年因发生事故去世了。

1860年，本茨进入卡尔斯鲁厄综合科技学校学习。在这所学校，他较为系统地学习了机械构造、机械原理、发动机制造、机械制造经济核算等课程，为他日后的发展打下了良好基础。

1872年，在经历过学徒工、服兵役、娶妻生子等人生经历后，本茨组建了"奔驰铁器铸造公司和机械工厂"，专门生产建筑材料。由于当时建筑业不景气，本茨工厂经营困难，面临倒闭危险，为了摆脱困境，他决定以制造发动机获取高额利润。

1879年12月31日，他制造出第一台单缸煤气发动机

（转速为200转/分，功率约为0.7千瓦）。不过，这台发动机并没有使奔驰摆脱经济困境，他依然面临着破产的危险，生活十分艰苦。但是，清贫的生活并没有改变本茨投身发动机研究的决心，经过多年努力，他终于研制成单缸汽油发动机，并将其安装在自己设计的三轮车架上。取得了世界上第一个"汽车制造专利权"。

1893年，本茨研制成功了性能先进的"维克托得亚"牌汽车。它采用本茨专利的3升发动机，方向盘安装在汽车中部。该车性能先进，但价格高达3 875马克，因而很少有人买得起，成为滞销品。

1894年，本茨听从了商人的建议，开发生产便宜的"自行车"。这种"自行车"销路很好，在一年时间内就销出了125辆。由于是世界上第一种批量生产的机动车，因而给奔驰带来了较高的利润。后来，奔驰又对前期生产的"维克托得亚"牌汽车进行改进，将车箱座位设计成面对面的18个，它因此成为了世界上第一辆公共汽车。

1926年，奔驰公司与戴姆勒公司合并，建立"戴姆勒·奔驰汽车公司"，总部设在斯图加特。

1929年春，卡尔·本茨去世，享年85岁。许多人开着汽车来到他的家门前，吊唁这位汽车工业的伟人。

普 利 策

1847年4月10日，普利策出生在匈牙利一个小镇。父亲是个有教养的犹太谷物商，母亲是有德国血统的天主教徒。普利策排行老二，从小就由家庭教师负责管教，接受严格的德文、法文训练。

1864年，普利策偷渡到美国，参加了美国内战。

1869年12月，普利策当选州议员。普利策了解到圣路易斯市政当局所收的大笔税款不知去向，就提出法案追查。虽然受到了许多恐吓，但他不为所动，依旧以一篇篇内幕报道登在《邮报》上。由于社会舆论的压力，当局被迫进行追查，并将贪污受贿的官员绳之以法。

1878年，31岁的普利策以2.5万美元买下因经营不善正打算出售的《圣路易斯快报》。当时这家报纸的发行量只有24

份。

1883年5月11日,他买下负债累累的《世界报》。第一张新《世界报》印出来立刻引起了骚动,许多报社的编辑看了都认为这种报纸在纽约行不通。但是它每星期都发表由普利策亲手写的社论。社论说出了劳动者的心声,对纽约的富人显贵进行猛烈的抨击。

1890年12月10日,纽约最高的一座大楼——新普利策大厦完工。这座20层的建筑物,地下室用来做印刷厂,1楼为营业部,2至10楼为出租的高档写字楼,10楼以上为《世界报》枢纽中心。镀金的圆形顶楼是普利策的办公室。11楼是漂亮的卧室套房,专供加班不能回家的编辑使用。建这座大厦,普利策没有分文债务,这座价值200万美元的大厦完全属于他个人所有。它俯视着《太阳报》大楼、《时报》大楼和《先驱报》大楼,成为普利策战胜对手的象征,也是《世界报》永久的宣传广告。

1911年10月,这位与抑郁症斗争了22年的报界奇人终于走完了他人生的旅程,那时,他才64岁。

普利策是世界公认的报业巨子。普利策白手起家,凭着不懈的努力,陆续购买了《西方邮报》、《圣路易斯快邮报》和《纽约世界报》,并对它们进行一系列改革,使它们成为当时美国最著名的报纸。

理查德·雷诺兹

1851年，理查德·雷诺兹出生在美国。从小就聪明好学，很注意观察周围的事物。

1875年，理查德·雷诺兹在一次偶然的机会中发现了商机。当时人们吸烟还都是自己动手用烟草卷烟，雷诺兹强烈感觉到这种手工操作的累赘。于是，他决定在北卡罗来纳州的云斯顿——萨勒姆建立自己的一个小工厂，生产一种扁形品嚼香烟，由此迈开他在烟草业创业的第一步。

1884年，詹姆斯·布查南·杜克（美国著名烟草商）麾下的美国烟草公司率先推出了成批的机制香烟。由于产量高、成本低，它以掠夺性的超低价格把雷诺兹的烟草公司逼进了死胡同。压价竞争使雷诺兹濒临破产，他接受了竞争对手杜克的收购要求，把自己的公司卖给了对手。

1911年，理查德·雷诺兹重新获得了自己的公司。雷诺兹决心重振雄风，要向美国烟草公司这个强大的对手挑战，改变由它独占烟草市场的局面。

1913年，一个名叫"巴纳姆和比利"的马戏团来到了雷诺兹公司所在的云斯顿市，其中有精彩的骆驼表演，这个事件给了雷诺兹以灵感，他开始了自己别具一格的广告宣传。

1914年，"骆驼"香烟的销售额达到4.5亿美元；1915年即上升为23亿美元；1917年跨越了110亿美元；1920年竟然突破了200亿美元，占美国所有品牌香烟销售量的一半，创造了令人咋舌的销售奇迹！

1919年，理查德·雷诺兹走完了他68年的人生道路，悄然离开了人世。

闻名于世的"骆驼"牌香烟，以其上佳的品质，充满东方情调的商标设计，在竞争激烈的烟草行业中盛名不衰，"骆驼"问世至今已有80余年历史了，它已成为世界名牌香烟中的常青树。

阿萨·坎德勒

1851年12月30日,坎德勒出生在美国佐治亚州一个富裕的家庭里,他是父亲的第八个孩子。

1870年,坎德勒在小镇卡特斯维尔的小药店当学徒,两年之后,学徒生涯使他明白了自己要做一个药剂师。

1877年,坎德勒与另一个朋友合伙开了批发零售药材公司。日渐懂行的阿萨意识到:仅仅靠批发药材不能赢来更多利润,只有寻觅到有价值和市场潜力的药方,才能拥有自己的王牌。于是,他开始寻觅这种药方。

1888年8月30日,阿萨·坎德勒付出了2.3万美元,最终拥有了可口可乐的全部股权。

1891年秋,阿萨把可口可乐公司搬到亚特兰大的迪凯特街42号。这时,公司正处于创业阶段,他雇佣了自己的3个侄子和外甥。在阿萨的指导下，人员配备精干，分工明确，工作效率十分惊人。

1905年，美国《商标法》刚刚实施，阿萨就给自己的公司注册了"可口可乐"商标，运用法律武器，保护自己的利益。

1916年，坎德勒激流勇退，将公司业务交给家人。

1917年，他竞选亚特兰大市长成功。这一年的12月25日圣诞节是坎德勒永远不会忘记的日子。那天，他在自己家举办的盛大的圣诞晚会上宣布，把他经营了几十年的可口可乐公司作为节日礼物送给他的子女们。

1919年，对于阿萨而言，是不幸的，先是最爱的妻子露西在同癌症经过了长达两年的斗争之后，离他而去，阿萨悲痛万分，卧病不起。就在这年夏天，阿萨的孩子们未经父亲的同意，就把可口可乐卖给了别人，虽然当时转让的价格是一个天价，但是可口可乐配料的价值是无价的，这其中的品牌价值又怎么会是人力可以买到的。

1929年3月，阿萨·坎德勒与世长辞，享年77岁。

坎德勒不是可口可乐的发明者，但他却获得了成功。经过百余年的努力，阿萨·坎德勒的继承者们已使可口可乐公司位居全球十大著名企业榜首，使可口可乐成为美国饮食文化的象征，可口可乐的商标价值已飙升至400亿美元。

马科斯·塞缪尔

1853年，马科斯·塞缪尔生于英国，他在布鲁塞尔和巴黎念过几年书。在他16岁的时候就帮助父亲管理帐目。

1870年，老塞缪尔去世，马科斯·塞缪尔和森姆·塞缪尔兄弟二人继承了父亲的事业。

1892年，马科斯·塞缪尔订购的第一艘新型油船"穆雷克斯号"拉响了起航的长笛，满载着俄国的石油，胜利地通过了苏伊士运河，乘风破浪地前往新加坡、曼谷。接着，"穆雷克斯号"的姐妹船"康裔号"、"克克姆号"等许多都以贝壳取名的新油船，也都一一顺利通过了运河。强大的油船队伍源源不断地把俄国巴库油田的石油运往远东自己的储油池，然后再拖往世界各个角落。

1897年，马科斯·塞缪尔联合了一些拥有油船的中小石油企业，组成了"壳牌运输与贸易公司"，他自己拥有三分之一的股份。

1901年，壳牌公司与美国海湾石油公司签订了一份合同，规定壳牌公司以固定的价格，每年购买海湾公司10万吨石油，时间长达21年。紧接着马科斯·塞缪尔又不失时机地实现了与德国德意志银行的合作，壳牌公司在德国建立了一家销售石油的子公司。

1907年4月，一个新的石油巨人——英荷壳牌石油公司诞生了。公司的总部分别设在英国与荷兰，主要股东是塞缪尔家族及其他英国人，其次是荷兰人和美国人。

1921年，马科斯·塞缪尔在壳牌石油公司退休，他的儿子比尔斯接替了他的位置。

现在，在当今的世界石油巨人中，英荷皇家壳牌集团和美国的埃克森石油公司，堪称是分别主宰东西半球石油工业的"石油帝国"。

乔治·伊士曼

　　1854年7月12日，伊士曼出生于美国纽约州的沃特维尔。他是家里的老大，7岁那年，父亲去世了，家里的重担全落在了母亲一个人身上。14岁的时候，伊士曼决定要帮助母亲分担家务，辍学进入了社会。

　　1879年，伊士曼在假期外出旅游时，对摄影产生了兴趣，他花94美元买了一套照相器材，并学会了摄影技术。但令他烦恼的是，当时的照相机太笨重，简直要用马车才装得下。更糟糕的是，操作步骤繁琐，而且如果不严格按照技术要领操作，成像效果会很糟糕。在这种情况下，照相能给旅游者带来愉快吗？伊士曼决心要改进摄影器材，简化拍摄手续，让照相技术"面向大众化"。

　　1878年，伊士曼发明了一种涂有一层干明胶的胶片，这种干片的发明极大地促进了摄影术的发展，摄影技术从此开始为更多的人所掌握。

1881年，伊士曼用他多年积蓄的5 500美元作为资金，在罗切斯特创立伊士曼干板制造公司，这就是柯达公司的前身。1886年，"伊士曼胶卷"诞生，结束了用玻璃片做照相底片的历史。

1888年6月，小型口袋式照相机"柯达一号"终于推向市场。

1892年，伊士曼把公司更名为"伊士曼·柯达"公司。1895年，柯达公司把卖价5美元的口袋式照相机投放市场，轰动了世界。照相技术"面向大众化"之梦，终于变成了现实。

1932年，伊士曼选择跳海自杀来结束自己的生命。或许，他只想让别人记住自己最灿烂的时候，就像他发明的相机和胶卷一样，留住最美一刻。

金·坎普·吉列

1855年1月5日,金·坎普·吉列出生在美国芝加哥一个小商人的家庭里。

1871年,父亲的生意破产,正在上学的吉列为了减轻家里的负担,被迫辍学。为了维持生计,他开始自食其力。

1901年,吉列把刀柄设计成圆形,上方留有凹槽,从而能用螺丝把刀片固定。刀片用超薄型钢片制作,并夹在两块薄金属片中间,露出刀刃,使用时刀刃与脸部始终可形成固定的角度。这样,既能方便地刮掉脸部和下巴上任何部位的胡须,又不容易刮破脸。后来麻省理工学院毕业的机械工程师尼克逊成为吉列的合伙人。为了筹措所必须的5 000美元生产设备费用,公司的名称改为美国安全刮胡刀公司(后来改名为吉列安全刮胡刀公司)。吉列的创意是制造一种安装着极薄刀片的剃刀。这种剃刀被置于一种能防止人们剃伤自己的装置中。刀片是一次性的，需要每天更换——这是个很不错的赚钱机器。在推出自己创意的一年内，他就出售了9万个剃刀和1 200万块以上的刀片。

1917年4月，第一次世界大战已接近尾声，吉列从报纸上看见大胡子士兵在前线的照片，灵机一动，以成本价格向军需品采购部门供应安全剃刀，美其名曰："优待前方将士"，立即受到了生活艰苦的大兵们的欢迎。战争结束后，几十万名复员的盟国士兵带着老头牌刀架和刀片，分散到世界各地，产生了强大的广告效果。1917年吉列共销售1.3亿只刀片，是吉列公司初创那一年的近80万倍，市场占有率80%，有44家海外分公司。"吉列"刀片名扬四海，吉列按照他预期计划，建立了一个世界性的"剃刀王国"。

1931年，77岁的吉列因病逝世，但他的事业依然由他的继承者们拓展着，他的资产已经达到6 000万美元，分公司已开到欧洲大部分国家和地区。他的继承者按照吉列在世时的方针：把业务拓展的目标瞄准全世界每一个有男人的角落。

菲利普兄弟

1858年，杰拉德·菲利普出生在荷兰埃因霍温。16年后他的弟弟安东·菲利普出生。

1912年，为了公司摆脱困境，菲利普兄弟决定尽快实行股份制，吸收资本，扩大经营，便公开招股，成立"菲利浦股份有限公司"。接着二人又谋划扩大经营的新方案，把灯泡厂向上游延伸，筹建玻璃材料厂，生产出玻璃专供制造灯泡使用。

1914年，菲利普兄弟俩把不断创新产品、不断提高质量的根本措施放到技术开发上，在厂内建立一个"研究实验室"，1915年，该试验室研制成功新型的氮气灯泡，从而使菲利浦灯泡登上欧洲第一的宝座。不久，该试验室又研制成功X光管和收音机电子管。这一技术的突破。使菲利浦由单一的灯泡厂变为生产无线电、电讯器材的综合型企业。

1940年5月，德军占领荷兰，菲利浦公司在埃因霍温市的总部被德军接收，改为军械厂。菲利浦全家逃往美国避难。

1945年，二战结束后，菲利普家族的成员返回荷兰，菲利普公司在废墟上重新建了起来。安东·菲利普首先改组了公司内部的领导机构，按产品生产部门建立经营管理机构，使研究、生产和销售一体化。这样，菲利浦公司的业务得到了迅速的恢复和发展。除了继续生产以前的产品以外，还逐步扩大生产新的产品。50年代，菲利普公司的业务发展很快，资金也越来越雄厚，很快成了荷兰的三大超级企业之一。

菲利普兄弟建立的菲利普电器公司，从最初生产灯泡的工厂到目前跨国电子企业，拥有250家的工厂和办事处，遍布全球67个国家。1996年销售额达450亿美金，到1998年3月止，在全世界拥有26.72万名员工，在《财富》杂志电子集团排名中居第8位。

赫 斯 特

1863年4月29日,威廉·伦道夫·赫斯特生于美国加州旧金山。其父乔治·赫斯特是一个成功的拓荒者,以采银矿致富,为了追求政治权力,曾收购《旧金山考察报》。

1882年,19岁的赫斯特进入哈佛大学。入学以后,赫斯特担任过学生定期刊物《讽刺文刊》的事务经理。二年级时因指挥庆祝克利夫兰总统当选,并狂饮啤酒,鼓乐喧天,燃放烟火,被勒令停学。复学后又对教授态度恶劣,引起公愤,被开除学籍。

1895年,赫斯特在征得母亲同意后,带了750万美元,前往纽约要与称霸该地报坛的普利策试比高低。赫斯特到纽约后以18万现金买下《纽约日报》,同《世界报》进行激烈竞争。赫斯特的办报方针是:得到新闻,尽快地得到新闻。不怕花钱,不断地以喧嚣吸引读者。攻击不正当财富,向穷人许愿,以吸引读者。

1900年至1904年,赫斯特相继创办了芝加哥的《美国人》晚报和《考察家报》,洛杉矶的《考察家报》和波士顿的《美国人报》。赫斯特不仅控有大量报刊,而且还控有了许多其他新闻传播媒介。

1907年,赫斯特所属的报团设立国际新闻社和全国新闻社,开辟了通讯社业务。

1911年,赫斯特创设全国最大的特稿辛迪加——金氏专稿社,向全国报刊提供特写稿件。赫斯特报团曾不惜重金购买有美联社会员资格的报纸,以获得对美联社的控制。它还有一家电影公司,制作新闻影片。

1923年,赫斯特已拥有20家日报,15家星期日报,7种杂志,分布在美国最大的城市和最主要的工业区。其所有出版物每日总销数约达939万份。

1951年8月14日,赫斯特死于加利福尼亚州比弗利山庄,其报团由其子小赫斯特继承。该报团一度走下坡路,近年来有复苏迹象,现仍为美国主要报团之一。

亨利·福特

1863年7月30日，福特出生于美国密歇根州底特律市郊的一个小城。

1880年4月11日，福特独自一人到底特律的密歇根汽车制造公司谋生。但在这家拥有2 000人的底特律最大的工厂，福特只工作6天就辞职不干了，原因是"该公司的优秀员工需要花费好几个小时才能修复的机器，我只要30分钟就可以修好，因而其他员工对我十分不满"。后来，他又先后从事过机械修理、手表修理、船舶修理等工作，并且还一边工作一边参加夜校学习。

1896年6月4日，福特的第一辆汽车诞生了，尽管这辆车速度极慢，形状奇怪无比，但却是福特和朋友的杰作！这也是底特律的第一辆汽车！福特开着这辆车在城里转来转去，引来了许多人的围观,别人都叫他"疯子亨利"!

1902年11月,福特终于有了一个自己的公司——福特汽车公司。1913年春,世界上第一条汽车流水装配线在福特的工厂里诞生了,大规模流水装配线带来了生产方式上的革命。福特公司连创世界汽车工业时代的生产纪录:1925年10月30日,10秒钟装配一辆汽车,这样的速度让同行为之震惊。而这种以流水装配线的生产方法和管理方式为核心的福特制造,为后来汽车工业的发展树立了楷模,掀起了世界范围内具有历史进步性的"大量生产"的产业革命。从1908年诞生到1927年的更新换代,福特生产的T型车数量是整个世界汽车总量的一半。

1947年4月7日,亨利·福特因脑溢血死于底特律,终年83岁。

贾 尼 尼

1870年5月16日，阿马迪·贾尼尼出生在美国加州的一个意大利移民家庭。

1892年，他和银行家科涅尔的女儿结婚了。谁也没有想到这场婚姻，改变了贾尼尼的事业轨迹。

1904年，贾尼尼和朋友商定合股开办银行。股东只占三分之一股份，其余三分之二在普通民众中募股，这些人包括鱼贩、菜商的老板和一些乡下农民。总的来说，以意大利移民为主要对象，名称就叫意大利银行。10月17日，意大利银行正式宣布开业。

1906年4月18日上午，旧金山大地震发生。银行为了自身的安全，都不肯发放贷款。贾尼尼的意大利银行正常开业，并且是露天营业。出人意料的前来存款的人比取款的人还多，因为鉴于地震引起的火灾，人们认为钱还是存在银行比较保险。经过这次事件，意大利银行从一家小银行发展成为众人皆知的大银行。

1903年至1907年，美国爆发了历史上最严重的经济危机，贾尼尼开始收购银行。到了1918年，贾尼尼在加州的意大利银行分行已经发展到24家，成为全美最大的分行制银行。

1949年6月，金融大王贾尼尼走完了他的人生。此时，他的银行总资产已达到了20亿元。

他只有一张小学文凭，却能用不同的语言跟人打交道；父亲因为一美元的贷款被人打死，他却无息把钱贷给分文不名的贫民。他以一种极不正统的经营方式，打破了美国传统的民主，并在法律禁止垄断的空隙间，秘密建成了遍布欧美的意大利银行分行网。他在晚年的时候，终被推上了"全美第一银行家"的宝座。成为改写美国金融历史的巨人之一。

皮埃尔·杜邦

1870年，第五代的皮埃尔·杜邦诞生。他和带领全家13口人乘帆船来美国的先祖同名同姓。皮埃尔·杜邦自幼聪明好学，以优异成绩毕业于麻省理工学院。毕业后9年间，他一直致力于化学研究，获得了两项无烟火药专利。

1902年，杜邦当上总裁。杜邦总公司移入威明顿，落脚在一座8层楼的大厦中。在7月的美国独立纪念日中，杜邦公司举办了一场规模宏大的庆祝会，会场高朋满座，家族亲友连同900名公司员工，共计有3 000多人，在夜晚的特拉华河畔欢聚，人们饮着香槟酒，翩翩起舞，还欣赏了焰火表演。

1914年，一战爆发。杜邦公司的火药供不应求。为了扩大生产规模，杜邦向华尔街大阔佬摩根贷款1 400万美元。贷款之前，杜邦反复琢磨过，年息是6%，而且要拿公司股票作抵押，到时候假如还不起，公司就要落入摩根的把握之中了。但他分析，美国迟早会介入欧洲战争，对火药的需求将猛增，到那时，杜邦公司将攫取巨大的利润！

1938年9月21日，全美国的报纸都用大量篇幅，报道了杜邦公司"尼龙"的出现。由卡罗萨斯博士8年前开始研制的成果，终于从实验室走向了市场。尼龙不负众望，大受欢迎，出尽了风头，连人造丝和人造纤维也被它取而代之。杜邦公司先让公司内的女秘书们试穿尼龙丝袜，然后投放市场。尼龙刚一上市，全美国各地女性看到广告后，便涌进百货公司及零售店，销售盛况空前。

1945年8月6日，杜邦公司制造的铀235原子弹投在了日本广岛；同年8月9日，美国人又在日本长崎投下了钚239原子弹。第二次世界大战后，杜邦家族渗透到了美国政界。朝鲜战争时期杜鲁门总统的国务卿艾奇逊原就是杜邦的法律顾问；当时的司法部长克拉克，是杜邦的心腹；国防部长詹森也是杜邦的人。就连中央情报局长达列也曾在杜邦直属的联合水果公司任董事长。

1954年4月5日，为杜邦帝国起着承前启后作用的皮埃尔·杜邦与世长辞，享年85岁。

托马斯·约翰·沃森

1874年2月17日，他生于美国纽约州北部一个贫困的农民家庭。为了减轻父母负担，他17岁就进入社会。替一家五金店老板走街串巷推销缝纫机成为他第一份工作。

1914年，沃森遇上了IBM前身的奠基者弗林特。弗林特是华尔街最红火的金融家，号称"信托大王"。他对沃森的才干早有所闻，旋即聘任他为计算制表记录公司的经理。到1919年，公司的销售额高达1 300万美元，利润也升至210万美元。

1924年2月，已经身为公司总经理的沃森决定将公司更名为国际商用机器公司，简称IBM。从此，他抹去了同任何人有关联的最后痕迹，开始了自己与IBM融为一体的后32年生涯。

1946年，IBM推出第一台电子计算器，1948年，又推出一台部分电子部分电机的数字计算机，这台机器安装在IBM纽约总部，直接向参观者进行实际操作表演。

1956年，刚刚完成权力交接的沃森因为心脏病去世了。而1955年是他生命中最完美的一年，公司收益7亿美元，几乎是1946年的6倍。

在他的领导下，IBM从一个中型公司成长为世界最大的企业之一，而且他还将IBM从机械制表机引入了计算机领域，并在这一领域称霸一时。

可可·夏奈尔

1883年8月19日，可可·夏奈尔出生在法国罗亚尔河畔的沙穆尔镇。其父出身贫苦，是个市场推销员，长期不在家，其母承担全部家务。夏奈尔12岁时，其母去世，夏奈尔只好住进孤儿院，生活清苦。后转到修道院里学习社交礼仪、家计管理，大概是穷怕了，她对金钱特别注重。

夏奈尔在孤儿院里学到了一手扎实的缝纫技术。18岁时到镇上的服饰店当助理缝纫师。她的生活背景和艰辛的童年经历，深深地影响了她对流行的看法。她早期设计的服饰一反当时的时尚，看起来简单、利落、前卫，却不怪异。

由于她工作勤奋，流行服饰不断涌现。夏奈尔称自己活泼优雅的服饰风格来自朴实纯真的自然色调。1924年她设立了一家专门制作装饰品的作坊。1929年她创造的夏奈尔5号香水成为当时世界销量最大的香水,现在还很有名气。

  1954年2月5日,夏奈尔以盛大的服装发布会的形式向世人宣告:夏奈尔回来了!从20年代到70年代,夏奈尔服饰都是站在时代的前沿,反映社会潮流,特别是日渐抬头的女性独立、自立意识。她抓住了大众的心理,另辟蹊径,开创了夏奈尔风格,一直流行到今天。

  1971年,夏奈尔逝世。

  作为20世纪最重要的服装设计师,在欧美,拥有典雅的夏奈尔时装,不仅曾是很多上班族女性的首选,也是总统夫人和明星名媛们的追求。

康拉德·希尔顿

1887年圣诞节那一天，希尔顿出生在新墨西哥州一个荒凉小镇上，他是家里的第二个孩子。但是圣诞老人似乎并没有给希尔顿和他的家庭带来特别好的运气，父亲起早贪黑，整天东奔西跑，为养家糊口、积攒家业而疯狂地工作着。母亲担当起繁重的家务，为把8个子女抚养成人，白发过早地爬上了她的额头。

1917年，希尔顿应征入伍。军旅生涯使希尔顿的眼界更为开阔了，但父亲的去世是对他最大的打击。"要想放大船，必须先找到水深的地方"，父亲的话在耳边想起。希尔顿决定走出家乡，创立自己的事业。这一年，他已经32岁。

1919年，希尔顿以4万美元买下梅比莱旅馆，干起了旅馆业。他立刻给母亲打电报报喜："新世界已经找到，锡斯科可谓水深港阔,第一艘大船已在此下水。"

1925年8月4日,"达拉斯希尔顿大饭店"终于落成,举行了隆重的揭幕典礼。1946年5月,希尔顿成立了他的希尔顿旅馆公司。翌年,该公司在纽约证券交易所上市,成为有史以来首家正式上市的旅馆企业。

1954年10月,希尔顿再接再厉,用1.1亿美元的巨资买下了有"世界旅馆皇帝"美称的"斯塔特拉旅馆系列",这是一个拥有10家一流饭店的连锁旅馆。这笔交易是旅馆业历史上最大的一次兼并,也是当时世界上耗资最大的一宗不动产买卖!

1979年希尔顿病逝于加州圣摩尼卡。

希尔顿实现了独霸旅馆业的美梦,将他的旅馆王国扩展到世界各地,成为名符其实的世界旅馆之王!

哈兰·山德士

1890年,哈兰·山德士出生于美国印地安那州亨利维尔附近的一个农庄。家境不是很富裕,但也还过得去。然而就在他6岁那年,父亲去世了。12岁那年,母亲再嫁,山德士和继父的关系不是很好,才念到6年级,他就再也不想读书了,决定去工作。40岁的时候,山德士来到肯塔基州,开了一家加油站。同时,他在加油站的小厨房里做了点日常饭菜,招揽顾客。在此期间,山德士推出了自己的特色食品,就是后来闻名于世的肯德基炸鸡的雏形。

1952年,盐湖城第一家被授权经营的肯德基餐厅建立了,这便是世界上餐饮加盟特许经营的开始,在短短5年内,他在美国及加拿大已发展了400家连锁店。

1971年,经山德士同意,布朗和麦赛将这项潜力无穷的事业出售给休伯莱恩公司。而这时肯德基的年营业额已经超过2亿美元。虽然此后肯德基事业不断转手、变化，但特许经营的方式一直没有改变。

1980年，山德士死于白血病，享年90岁。

保罗·格蒂

1892年12月15日，保罗·格蒂出生于美国，他的父亲乔治·格蒂原是明尼阿波利斯市的一名律师，后来又开了一家保险公司，生活相当富裕。

1915年，格蒂看中了俄克拉荷马州的一块租借地，为了在竞争中取胜，他请求在当地一家著名银行当高级职员的朋友代表自己去投标，就这样，格蒂仅用500美元就得到了这块土地。

1916年，格蒂在租借地上钻出了石油，而在喷油后的第三天，格蒂就果断地将其转卖。按照与父亲的协议，他取得了这次转卖利润的30%——11 850美元。由此，他开始把石油作为自己的事业来经营。

1916年5月，他与父亲合伙创立了"格蒂石油公司"。

1921年末，格蒂以693美元在圣菲斯普林斯附近买下一块山地，这是个具有决定性意义的举措。到1929年，这块地年产量达到7 000万桶以上，并在此后的15年里，创造了640万美元的价值，真可谓是一本万利。

30年代，美国经济出现了大萧条，股票市场崩溃。格蒂用贷款购买了墨西哥海滨联合石油公司和太平洋西方石油公司两家共300万美元的股票。

1953年2月10日，格蒂看中的沙特阿拉伯和科威特之间一块不毛之地上发现了含油砂层，高产油井被一口接一口地打了出来，一个月内，格蒂公司的股票从23.75美元猛然上升到47.75美元，格蒂的财富又开始成倍地增加。

格蒂建造和购买了炼油厂，自行掌握巨量原油的加工生产，在几乎所有的地方都有他的炼油厂。从1954年起，格蒂开始营建他的超级油船队，总吨位达100万吨，其中巨型超级油轮吨位数在7万吨以上。在洛杉矶、图尔萨和纽约，他以惊人的速度建起了价值超过4 000万美元的新办公楼。1957年，格蒂的资产就已超过10亿美元。这一年，《命运》杂志列出美国最富有的人名单时，格蒂名列榜首。

李 光 前

1893年，李光前生于福建省南安县梅山芙蓉乡。幼年时，他的家境十分贫寒。他的父亲十分重视对子女的教育，虽然日子艰难也已省吃俭用也要供孩子读书。李光前从小念私塾，10岁以后，随家迁往新加坡，进入当地英印学堂就读。

1909年，李光前因为学习刻苦、成绩优异，得到新加坡中华总商会主席吴寿珍的资助回国，于暨南学堂就读。

1920年，陈嘉庚把长女嫁给了李光前。李光前为谦益公司的事业兢兢业业，陈嘉庚也尽量放手让他充分施展才华。他在谦益公司前后工作了11年，这期间，他学到了许多经商贸易及经营管理的知识，积累了大量经验，并与中外贸易界保持着良好的关系。这些，无疑为他日后开创自己的事业铺平了道路。

1931年，李光前看准各国经济开始复苏的机会，不失时机地扩大资金，并改原公司为南益橡胶有限公司，出任董事长。他一面不断扩大经营渠道，发展对外贸易，开展多种经营，除经营橡胶制造、种植、运送胶片和胶泥外，还进行黄梨的种植与生产。随后，李光前的企业扩展到泰国和印尼。到30年代末，他已是新加坡、马来西亚等地声名显赫的橡胶与黄梨大王了。

1933年，李光前投资与人合办华商银行。后来，华商银行又与华侨银行、汇丰银行合并，以华侨银行命名。合并后的华侨银行成为新加坡4家华资创办的银行中最大的一家。李光前任该银行董事会副主席，后又接任主席。如今，新加坡华侨银行更是国内金融业的龙头，在新加坡有25家分行，在马来西亚设有30家分行、在全世界共有60家分行。

1952年，李光前用他的大半财产设立"李氏基金会"，积极捐助文教及社会公益事业。

1964年，李光前回国治病，受到周恩来总理亲切接见，总理高度赞扬了他的爱国爱乡之心。

1967年，李光前在新加坡去世。

松下幸之助

　　1894年,松下幸之助出生在日本一个贫寒的家庭里,在松下很小的时候,由于家境的窘困,兄姐一个个夭折,而父亲又欠了许多债。于是,刚上小学四年级的他就不得不离开父母来到大阪,开始了个人独立生活的历程。刚到大阪时,松下在一家火盆店开始了学徒生涯。1910年,年轻的松下毅然辞去了自行车店的工作,来到大阪电灯公司做练习工。这个工作看似低微、不起眼,却改变了松下的一生,从此他的一生便与这个行业无法分开了。1917年11月,经过数年的反复试验,松下幸之助生产出改良灯插座。1918年,经过改进的新灯插座得到了市场的承认,价廉物美带来的是滚滚财源。

　　1949年2月,美方逐渐改变对日政策,日本经济略有复苏。松下在长期的忍辱负重中看到了希望。经历了许多的磨难，除了雄心之外，松下比过去多了些沉着、冷静和谦逊。松下也重新定位了自己的企业，他不再把自己当成一个有所成就的企业家，而是当成业界的小字辈。当然，松下并不是鄙薄自己和松下电器，而是站在企业界的立场审视、评价自己和松下电器。基于这样的认识，他提出了已有33年历史的松下电器"重新开业"的口号。

1961年，正值事业巅峰的松下幸之助宣布退休，但3年后的一场危机又把这位年届71岁高龄的老人推到了浪巅。由于日本经济的过度膨胀，市场急剧恶化，到1964年，因经销商无法获利而怨声载道，如果解决不好，可能会造成经销商大量流失的严重局面，松下毅然决定，以董事长的身份暂时代理公司的营业部部长职务。这个职务重新燃起了他年轻时代的斗志，每天按时上班，在第一线工作。在他的努力下，公司不但走出低谷，又上演了一出在经济不景气时期高速增长的好戏，全国200多个销售公司联合给他赠送了一尊"天马行空"像，以表示感激之情。

1973年，松下幸之助辞掉董事长，改任顾问。1989年，松下幸之助逝世，留下了15亿多美元的遗产。现在，松下电器在全球45个国家和地区有237家企业，其中在中国就有58家，北美26家、南美11家、亚洲及太平洋地区83家、欧洲53家、非洲6家，全球职工人数29.2万人。松下电器2004年营业总收入662.8亿美元，位于《财富》世界500强第31位。

保罗·高尔文

1895年6月29日,保罗·高尔文出生在美国伊利诺斯州一个叫哈佛的小镇上。年幼的高尔文对外面的世界充满了渴望和憧憬,看上去,他比同龄人要早熟很多。

1913年9月,高尔文去伊利诺斯州上大学,但因为家境不是很好,大二就退学了。他找了几份零工来做。一战爆发时,高尔文参军,3年后光荣退役。

1921年,朋友斯图尔特向高尔文提议在马什菲尔德市办一个蓄电池厂,由他出主要资金,高尔文答应了。1921年7月15日,斯图尔特电池公司成立了。

1928年9月25日,高尔文制造公司诞生了,在成立之初,仅有565美元和5名员工,第一个星期的工资总额也仅为63美元。

1930年，高尔文制造公司向市场投放了他们生产的第一种型号的汽车收音机。新产品的商标是"摩托罗拉"，这是高尔文一天早上刮脸时灵机一动想起来的。它兼有"开动"和"收音机"的双重含义，显得既醒目又有效率。新产品受到了极大的欢迎，摩托罗拉也得到了"美国最好的汽车收音机"的盛誉。

1936年，高尔文决定进入警用无线电市场，他组织公司的工程师在短时间内完成样机研制，最终产品，能够保证大约1英里的通话质量。接着，他们又为美国陆军通讯部研制了FM便携式无线电电话收发机，在战争期间共生产了5万台。

1946年，电视机正式问世。高尔文制造公司推出了第一台售价低于200美元的电视机。1947高尔文制造公司改名为"摩托罗拉公司"。

1959年11月5日，高尔文因白血病离开了人世。

纽 豪 斯

1895年,纽豪斯出生在纽约州贝荣市的一个犹太移民家庭。家境贫寒,13岁那年辍学,给贝荣市的法官拉扎鲁斯当勤杂员。他的聪颖、勤劳、能干,很快使他受到拉扎鲁斯的赏识。一年后,他被提为簿记员。

1911年,拉扎鲁斯买进当地破产的报纸《贝荣时报》。这位法官因公务繁忙,便把报纸交给纽豪斯代为管理。这是纽豪斯从事报业管理的起点。经过纽豪斯不到一年时间的努力,《贝荣时报》起死回生,开始盈利。这位年仅16岁的纽豪斯也被正式任命为《贝荣时报》的经理。他在报业管理方面初露锋芒,显示出他作为企业家的潜力和才干。

1922年,纽豪斯和拉扎鲁斯合伙收买了《斯塔腾岛前进报》。他采取降低报纸售价、扩大发行量、增加广告等有效措施，在一年之内改变了这家报纸濒于破产的局面。1924年拉扎鲁斯死后，纽豪斯出任这家报纸的出版人，开始了他作为新闻企业家的生涯。此后，纽豪斯凭借自己的"新闻敏感"，捕捉信息，窥测行情，不失时机地收买下一家又一家陷于困境的报纸，其中有《长岛新闻报》、《纽瓦克纪事报》、《纽瓦克明星－鹰旗报》、《锡拉丘兹先驱报》、《锡拉丘兹日报》、《泽西日报》等。到1950年，纽豪斯已初步建立起了他的报系。

1950年以后，纽豪斯又不惜以高价收购一系列报纸，其中比较有影响的有《俄勒冈人报》、《俄勒冈日报》、《圣路易斯环球民主党人报》、《伯明翰新闻报》、《新奥尔良时代花絮报》、《州条目报》、《克利夫兰实话报》。他出的价钱，多次刷新美国报业史上的纪录。

1979年8月，纽豪斯去世。

纽豪斯在他68年的报业生涯中，呕心沥血，建立了一个庞大的新闻王国，成为亿万富翁。他的"王国"拥有30家报纸，10家杂志，8家广播、电视台。这30家报纸的总发行量占各大报系的第2位，超过了著名的赫斯特报系和斯克里普斯－霍华德报系。

洛 维 格

1897年，洛维格生于美国密歇根州，他的父亲是一位做房地产生意的经纪人。丹尼尔性格沉静，不爱言语，没有朋友。他常常独自地到湖边，坐在码头前的石面上，看来来往往的船只，一呆就是大半天。

1937年，40岁的丹尼尔突然"顿悟"，他想出了1条妙计：用借来的钱赚钱。丹尼尔利用他人可靠的信用，从银行里贷款买了1艘旧货轮，把它改装成油轮来出租，然后再利用它来借另一笔款，然后又去买船，再租出去。就这样循环，像滚雪球一样，洛维格的船只越来越多。他每还清一笔贷款，一艘油轮就归在他的名下。随着越来越多的船归属于洛维格，包租金也滚滚而来，他的腰包开始急剧膨胀起来。

1945年，第二次世界大战结束后，美国的经济渐趋繁荣，政府要求航运业的纳税率却在大幅度提高，种种名目繁多的税收压得航运业直喘气。而在此时，洛维格却表现出了与众不同的超凡魄力和战略眼光，他决定走出美国，向海外拓展。

50年代初期，日本政府积极扶持经济，需要大量引进外资。洛维格急日本政府之所急，以私人身份来到了日本。由于洛维格生性沉稳，很容易得到日本人的信任，加之他带来了大量的现钞和贷款信用，日本政府很快就与洛维格签定了协议。为了感谢洛维格在交涉中的让步，日本政府为洛维格提供了大量的廉价劳动力、低价的钢铁材料等。而这些也正是洛维格求之不得的，于是双方立即成交。不久，洛维格和日本签定了吴港造船厂的长期租约，不但租金非常低廉，而且还享受了各种免税免赋的优惠政策，这让洛维格大大地赚了一把。

洛维格拥有世界上最大吨位的油轮6艘和500万吨的庞大船队；他还经营着旅馆业、房地产业、自然资源开发业；他在澳大利亚、墨西哥有钢铁公司、煤矿公司；在利比亚、巴拿马有石化炼油厂。

亨利·卢斯

　　1898年4月3日,亨利·卢斯出生在中国山东省蓬莱县。他的父亲亨利·温特斯·卢斯是基督教长老会教士,获神学士学位后于1897年携妻由美来华传教,在潍县文学院教过书,还担任过燕京大学副校长。

　　1916年,卢斯考入耶鲁大学。当时风华正茂的卢斯便有志投身于未来的新闻事业,并且就此发出了豪言壮语:"我相信在新闻工作中,我可以做出最大的贡献,通过那条道路,我可以达到距离世界中心最近的地方。"

　　1923年3月3日,卢斯和合伙人哈登创办的《时代》杂志在纽约正式出版。当时办公处设在纽约市东岸区一座简陋的棕色石头房子里,里面只有一些旧书桌,一套旧的英国的十全书,加上一些日报。工作人员除了两位创建人,是几名缺乏新闻专业知识的刚从大学毕业不到三年的年轻人。但是包括卢斯、哈登在内的这群年轻人，决心大，干劲足，肯动脑筋，敢闯敢拼，经过短短几年的惨淡经营，不但使《时代》周刊站稳了脚跟，而且成为一家在美国新闻界独树一帜、畅销全国的大杂志。

1932年，卢斯买下《建筑论坛》杂志。该刊学术性较强，是专门为建筑界人士创办的。建筑业是美国工业三大支柱之一，出版该刊既对美国工业发展起作用，也在经济方面壮大了卢斯的文化垄断企业。

1954年，卢斯再创《体育画报》以迎合喜爱体育运动的读者需要；同时还经营利特尔—布朗公司、时代—生活图书公司、纽约印书社等书籍出版业务。

1967年2月28日，卢斯因病去世。

阿曼德·哈默

1898年5月21日,阿曼德·哈默出生于美国纽约的布朗克斯。

1917年,哈默进入他的父亲也曾经就学的哥伦比亚大学医学院学习。

1920年,哈默经过艰难的旅程,终于来到苏联。战后的苏联百废待兴,哈默在乌拉尔地区考察时,看到了令人心酸的饥荒、疾病和死亡,也看到了巨大的市场,多少矿产亟待开采,多少珍宝亟待出售,但由于出口贸易的道路不畅,人们只能守着宝山挨饿。哈默火速给哥哥发去电报,让他在美国购买100万美元的小麦运往苏联的列宁格勒港,以易货方式换取100万美元当地产的毛皮和矿产。

1930年,哈默回到美国,这是他一生中最为活跃的日子,他得心应手，点石成金，涉及了许多领域，赚得了巨额财富。

1955年，世界范围内的能源危机日趋严重。哈默喜出望外，抓紧时机购买了大量的西方石油公司股票，成为西方石油公司的最大股东，从此他又全身心地投入石油事业。

1961年，凭着自己多年的经验，哈默冒着巨大的风险，开始建立一个石油王国。终于在加利福尼亚钻探到两个巨大的天然气田。西方石油公司的股票价格一跃上升到每股15元，公司的实力也足以与那些世界上较大的石油公司分庭抗礼了。

1974年，他的西方石油公司年收入为60亿美元。到1982年，西方石油公司已成为全美第12个大工业企业，成为紧挨着"七姊妹"的世界第8个最大的石油公司！

1990年11月12日，阿曼德·哈默这本精彩纷呈的书终于合上了最后一页，这位百战百胜的"经营之神"、走遍世界各地的公民因病逝世，享年92岁。

阿迪·达斯勒

1900年，在德国一个叫赫尔佐格的小镇的普通家庭里，出生了一个叫阿迪的男孩。阿迪共有兄弟姐妹4人。中学毕业后，阿迪也想学制鞋。可是父亲极力反对，因为时值第一次世界大战，当地的鞋厂都陷入危机之中，即使大量裁员也只能勉强维持，有些甚至被迫关门。于是，阿迪就成了一个面包房学徒。

1924年7月1日，阿迪·达斯勒注册了"达斯勒兄弟运动鞋厂"。这也标志着一个最终征服世界的品牌即将诞生了。阿迪设计的第一款运动鞋是"帆布帮——黄皮底"运动鞋，采用了铁匠齐格林提供的鞋钉。很快，这种运动鞋就流行起来。生意越做越红火。

1930年，全球经济大萧条，达斯勒兄弟的事业却丝毫没有受到影响。达斯勒兄弟鞋厂售出 1 万双跑鞋及 1 850 双足球鞋。生产已经不能满足市场需求。于是，达斯勒兄弟又购买了老厂附近的一间房屋和一块地皮。他们的成功之路正在向前延伸。

1932 年，为了更好的发展，阿迪离开小镇，住进了学院附近的廉价公寓，以便更好地研究制鞋技术：敲、粘、缝等。他清楚学习的目的是更好地经营鞋厂。为了提高理论知识，他阅读了大量有关书籍：制革、管理和会计等。通过系统的学习，阿迪掌握了制鞋工艺的窍门——一切满足"足"的要求。

1948 年冬天，达斯勒兄弟因为经营问题而发生严重分歧。兄弟俩正式"分家"。鲁道夫分到伍兹堡街的工厂，阿迪则保留火车站的工厂和别墅。工人和材料也二一添作五。其它不动产则不管。雇员们也可以挑选雇主。结果是：从事销售的雇员选了鲁道夫；大多数熟练工人跟随阿迪。与此同时，阿迪正考虑给工厂取一个新的名字。几经思忖，终于敲定"Adidas"，并于 1949 年 8 月 18 日在弗斯法院正式注册。鲁道夫也成立了一家公司，后来发展为饮誉世界的"PUMA"。

1978 年，阿迪·达斯勒去世。

沃尔特·迪斯尼

1901年12月5日,沃尔特·迪斯尼诞生在美国的一个小镇上。

1920年,迪斯尼和朋友决定自己开一家公司,两人辛苦奋斗,一个月赚了125美元。这点钱导致公司面临倒闭,迪斯尼连付房租的钱都没有了,在这样窘迫的情况下,迪斯尼决定去洛杉矶,和哥哥相会。

1923年,沃尔特和他的兄弟凑了3 200美元重新创业,成立了"迪斯尼兄弟动画制作公司"这就是今天迪斯尼娱乐帝国的真正开始。1926年迪斯尼将"迪斯尼兄弟公司"的名称改为"沃尔特·迪斯尼公司"。

1931年,米老鼠影片引起的轰动从公众涉及到了电影界的高层人士。他们认为《威利号汽船》是一部伟大影片,突破了许多旧有的局限。这部动画片得到了迪斯尼奥斯卡金像奖。

1952年，迪斯尼一生中最伟大的设想就是建造一座神奇的公园，一个可以使孩子和父母都感兴趣的场所。他开始购买场地，称这所公园为"迪斯尼乐园"。

1966年12月14日午夜，迪斯尼让人把他的床头升高，他要最后看一看自己的电影公司，迪斯尼公司在寒冷的夜里灯火辉煌。凌晨，沃尔特·迪斯尼——这个给世界带来欢笑的童话老人去世了，但是他最终也没看到他的"迪斯尼乐园"。

著名动画形象"米老鼠"的创作者迪斯尼，一生获得27项奥斯卡金像奖，1955年投资创建的迪斯尼乐园是全世界儿童梦寐以求的福地。他是著名的动画制作人，也是一个成功的企业家。

雷蒙德·克罗克

1902 年 10 月，雷蒙德·克罗克出生在美国芝加哥一个普通的家庭里。少年时的克罗克是个很平常的少年，但是与其他人不同之处在于，他经常胡思乱想，编织各种各样的梦想，冷不丁地冒出几个发财的小点子。

1919 年，17 岁的克罗克开始四处寻找工作，他在几个旅行乐队里弹过钢琴，又在芝加哥广播电台担任音乐节目的编导。

1961 年，克罗克花费了 270 万美元从麦氏兄弟手中买到了麦当劳，终于成为了麦当劳的老板，他更加严格的执行标准。在质量上，凡是炸薯条超过 7 分钟、汉堡超过 10 分钟未售出，一律扔掉。

1970 年，麦当劳决定向海外市场进军时，几乎无先例可循。因为那时美国服务业到海外投资的先例并不多,范围也仅局限于美洲。但是麦当劳在日本取得了成功。

1984年1月14日,这位84岁的高龄老人依然不知疲倦,在加州圣迭戈巡视,他手拿望远镜仔细观察麦当劳的经营情况,还发现了几个缺点,当他准备写出来的时候,笔滑落了,他倒了下去,再也没能够站起来,克罗克为麦当劳工作到生命的最后一刻。

从1955年开始在不到50年的时间里,以经营汉堡包为主的美国麦当劳快餐店已经成为了名副其实的"世界厨房"。如今,麦当劳是世界上最大的快餐连锁店,在全世界六大洲121国中拥有超过3万家门市中心,每天有4 600万名顾客消费,其全球营业额约406.3亿美元,每年收入都以12%—15%的速度增长。

原 一 平

1904年，原一平出生于日本长野县。他的家境富裕，父亲德高望重又热心公务，因此在村里担任若干要职，为村民排忧解难，深受敬重。

23岁那年，原一平离开家乡，到东京闯天下。第一份工作就是做推销，但是碰上了一个骗子。为此，原一平陷入了困境之中。

1930年3月27日，对于还一事无成的原一平是个不平凡的日子。27岁的原一平揣着自己的简历，走入了明治保险公司的招聘现场。最终成为保险公司的一员。3年内创下了全日本第一的推销纪录，到43岁后连续保持15年全国推销冠军，连续17年推销额达百万美元。

1962年，他被日本政府特别授予"四等旭日小绶勋章"。

获得这种荣誉在日本是少有的，连当时的日本总理大臣福田赳夫也羡慕不已，当众慨叹道："身为总理大臣的我，只得过五等旭日小缓勋章。"

1964年，世界权威机构美国国际协会为表彰他在推销业做出的成就，颁发了全球推销员最高荣誉——学院奖等等，他是明治保险的终身理事，业内的最高顾问。真正是功成名就了！

1984年，原一平因病逝世。

只有不到1.5米的身高，却连续16年荣登推销业绩全国第一宝座，原一平创下的世界推销纪录20年未被打破，是日本历史上最为出色的保险推销员。

塔　　塔

1904年，塔塔全名为詹汉格·拉坦吉·达巴海·塔塔，小时在法国上学。

1925年，塔塔任塔塔钢铁公司总经理助理。一年后，年仅22岁的塔塔就成了一家之主，开始继承父亲在塔塔钢铁公司的常务董事职位。

1932年，他从英国购买了两架单引擎飞机。当年的10月15日，他首次驾机从卡拉奇经阿默达巴德到孟买作邮政飞行，这标志着印度航空事业的开端。从这时起，他开始组建塔塔航空公司。开业头一年，公司就获利1 000万卢比。第二年航班已达到100%正点率，而另一家帝国航空公司正点率只有80%。从1946年开始，塔塔航空公司改为印度航空公司，与政府合营客运业务，塔塔家族控股40%。

1938年，34岁的塔塔正式成为塔塔财团首脑。他除了保持塔塔家族的优良传统外，在企业管理上进行了大胆革新，从家族统治转向专业人员管理。在那个时代，几乎没有一家印度企业不是家族成员管理企业，他显示出非凡的远见与超人的胆略。他只担任塔塔钢铁公司、塔塔子孙公司的董事长，而把纺织公司、电力公司等公司的董事长职位让给别人。他认为如果这些公司的董事长都由他一人担任，那他就只能整天开董事会了，而不能做一些开拓性的工作。此外，他还聘请最有才干的法律专家、经济学家、金融专家和专业技术管理人才到塔塔公司任职，充分体现了他任人唯贤的指导思想。在这些能人的经营管理下，塔塔财团不断发展壮大。到1993年为止，财团的13家大公司的资产总额为44.78亿美元，总产值为44.66亿美元，始终保持印度第一财团的地位。

1993年11月29日，塔塔在瑞士一家疗养院病逝，终年89岁。遵照遗言，葬于巴黎家族墓地，他的父母和两个弟弟均安葬于此。

休　斯

1905年12月24日，霍华德·休斯出生于美国德克萨斯州的休斯敦。他的父亲是个石油投机商。

1924年，休斯继承了父亲约合75万美元的遗产和公司。此时，洛杉矶附近发现了新的油矿，休斯公司的钻井机成了抢手货，但休斯却对此没有一点兴趣，他不想成为石油大王，却对拍电影产生了很大的兴趣。

1925年，休斯成立了"卡多电影制作公司"。休斯的第一部影片《膨胀的木屋》以惨败告终，整整耗费了他8万美元，这在当时绝对是个大数目。4年之后，休斯凭借他对飞行的兴趣和知识，拍摄并导演了他的第二部电影《地狱里的天使》。这次他终于尝到了成功的喜悦。16年之后，凭着一部《被驱逐的人》，休斯再次刷新了当时的票房纪录。在从1926年开始的30年里，休斯总共拍摄了40部电影，更因此捧红了包括琼·哈洛、简·罗素和玛梅·范·多伦在内的许多好莱坞明星。

1932年，休斯又在加利福尼亚的格伦代尔创建了"休斯飞机制造公司"。经过努力，H-1飞机终于设计出来了，但因为机身特别短，没有人敢驾机试飞。于是休斯决定亲自试飞。上帝总是眷顾着他，休斯成功了！

1950年，朝鲜战争的爆发，军用设备定单滚滚而来，休斯飞机公司不仅摆脱了当时因经营不善而造成的阴影，而且收益成倍上翻。在从1949年至1952年的3年时间里，休斯飞机公司竟猛增了12倍收入，已经达到两亿美元的惊人水平。

1948年4月，休斯公司成功研制了KH-1飞机。休斯又亲自驾驶着这架巨无霸在海面上风驰电掣般地冲刺了一段后，稳稳地起飞了。他又一次成了美国人心目中的英雄。而在这之前，休斯还造出了XF-11型侦察机，这是后来的U-2型侦察机的原型。

1966年6月，美国的无人太空船首次登上月球，实现了人类梦寐以求的愿望，引起全世界瞩目。而这只太空船的制造者不是别人，正是休斯飞机制造公司。

1976年4月5日，他死于过量服用可卡因，死时身上满是伤疤和污垢。

奥纳西斯

1906 年，亚里士多德·苏格拉底·奥纳西斯出生于土耳其西部的伊兹密尔。

1922 年，土耳其人占领了伊兹密尔，奥纳西斯一家人被投入监狱，在付出了巨额保释金后才出狱，但伊兹密尔已经不能再呆了。同年 9 月份，全家人来到了希腊，寻求希望！

1930 年，奥纳西斯发现，在阿根廷，烟草比较走俏，但却只有本地以及南美洲的烟草，由于味道强烈，很多人不十分喜欢，而温和的希腊烟草却没有人卖。看准这个机会，奥纳西斯毅然辞职，把自己辛苦积累的钱投资在烟草上面。

1943 年，奥纳西斯将其企业总部搬入纽约，财路日益广开，船队越来越大，1945 年，他跨入了希腊海运巨头的行列。

1953 年盛夏，奥纳西斯和他的妻子蒂娜坐着一艘世界上最豪华的私人游艇——"克里斯蒂娜"号来到了麦加的港口吉达,与沙特阿拉伯国王签订了震撼世界企业界的《吉达协定》。协定规定:成立"沙特阿拉伯油船海运有限公司",该公司拥有50万吨的油船队,全部挂沙特阿拉伯国旗。

1966年,奥纳西斯开始悉心经营自己最擅长的石油运输业,大量投资于油轮。到1975年,他已经拥有45艘油轮,有

本田宗一郎

1906年11月17日，本田宗一郎出生在日本静冈县的穷苦家庭，他自幼对机械表现出特殊的偏好。高小毕业后，16岁的他不顾父亲反对，毅然到东京一家汽车修理厂当学徒。6年后，他在滨松市开设了自己的汽车修理厂——"技术商会滨松支店"。他技艺高超，待人诚恳，生意非常兴隆。就在这时，目光远大的他毅然关闭了修理厂，因为他觉得修理汽车不会有太大出息，自己应该从事更富有创造性的制造业。

1934年，经过仔细的市场调查，本田向职工提出：放弃汽修业务，转行生产汽车零配件。

1937年，本田成功地制造出了汽车的关键零配件——活塞环。本田给自己的公司起名为"东海精密机械公司"，成为丰田汽车工业公司的主要供货商。

1948年9月，本田宗一郎正式组建了"本田技术研究工业总公司"并自任社长，从此揭开了本田大发展的序幕。

1949年，管理专家藤泽武夫加盟本田的事业，使本田的市场逐步扩大，后来他被称为"技术的本田宗一郎"，本田的第二号人物。

1951年7月15日是个不平凡的日子，新型"理想"摩托车试车成功，这是划时代的标志！

1961年，他开始研制高性能赛车，准备参加世界最高水平的F1大赛。

1965年，本田赛车在F1赛场上顽强拼搏，终于获得冠军。这一胜利，意味着日本的汽车制造技术已经跨入世界先进水平。

1973年，本田公司正式采用CVCC发动机生产"西比古"轿车，第二年又推出"阿科德"（雅阁）轿车，订单接踵而来。

1973年，刚刚66岁的本田宗一郎选择退休，把位置留给年轻人，而这个接班人不是自己的亲属，只是一名普通的技术专家，这件事惊动了世界！因为本田认为，企业是社会的，而不是个人所有的！多么无私豁达的想法！

目前，本田拥有470项发明和150多项专利，创立了"本田"品牌，已经成为世界上最大的摩托车生产厂家。本田宗一郎是日本战后经济奇迹的创造者之一。被现代工业界誉为"亨利·福特以来惟一的最杰出最成功的机械工程企业家"。1971年荣获意大利总理产业奖，1979年获美国哈佛大学名誉博士学位，1980年获美国机械工程师学会荷利奖，1989年被美国底特律市"汽车殿堂"表扬等。

吉田忠雄

1908年,吉田忠雄出生于日本富士县黑部镇,父亲久太郎是个小商人。由于家境贫寒,吉田忠雄年仅15岁就到一家陶瓷店当学徒,后又到哥哥的鞋店工作。20岁那年,吉田忠雄觉得在家乡没有什么发展前途,毅然带着哥哥给的70日元,独自到东京闯荡。当时中国的陶瓷在日本很畅销,他便在一个朋友开的小陶瓷店帮忙,后被派往上海收购陶瓷。30年代的大上海,什么样的人都有,吉田忠雄需要学会与不同的人打交道才能顺利完成任务。当时的上海商业发达,孕育了许多商业巨子。就在这里,吉田忠雄学到了很多"生意经",慢慢地成熟起来。

1934年1月,吉田忠雄创办了专门销售拉链的三S公司。他自己当老板,员工只有2人,资金是省吃俭用节省下来的

350日元。1938年，三S公司几经扩展，人员已增加到100多人，公司也改名为吉田工业公司。1958年，50岁的吉田忠雄终于如愿以偿。这年的拉链产量，完成了商标上年产拉链长度绕地球一周的宏愿。

从60年代起，他更是把拉链业拓展到世界各地，短短22年间，他就在39个国家和地区设立了42家工厂和137个销售点。1983年，他又在意大利拥有了3家分公司。目前，吉田在海外的雇员达1万多人，销售范围广达125个国家和地区，稳坐世界拉链市场的第一把交椅。

每年生产的YKK拉链是地球与月亮间距的5倍，占日本九成，YKK拉链是日本现代文化的代表；它改变了20世纪的人类生活方式，成了世界讲习竞争中无往不胜的日本工业产品的象征。为生活现代化增添了一项新的内容。吉田工业公司年营业额20多亿美元，跻身日本最大公司行列。

李秉哲

1910年2月12日,李秉哲出生在韩国庆尚南道宜宁郡一个富裕的农民家庭。他的祖父是位文人,李秉哲小时候就是在其祖父开办的"文山书亭"的书院里度过。虽然他自小就很聪明伶俐,但也十分贪玩,为此没少挨父亲的骂。

1930年4月,李秉哲考取了早稻田大学政经科。他十分珍惜这个难得的学习机会,不仅上课认真听讲,一字不漏地做笔记,而且课外还找了许多书籍来阅读,如饥似渴地汲取着各种知识。这段时间的学习开阔了他的视野,增长了知识,经受了锻炼,为今后的创业打下了良好的基础。

1938年3月1日,李秉哲成立了"三星商会","三"在朝鲜意为大、多、强,"星"则是清澈、明亮、深远、永放光芒。李秉哲以三星命名,寄含着他对自己事业的希望和憧憬。

1947年5月，李秉哲携家迁往汉城，1948年11月，他在钟路二街永保大厦附近租了一栋两层小楼，挂出了"三星物产公司"的招牌，并亲自担任社长。

1951年1月11日，李秉哲在釜山大街路建起了"三星物产"株式会社。他充分发挥超群的经营才干，在一年之间，使3亿元资本变成了60亿元，足足增长20倍！

1953年，他首次以自己的技术力量设计建造了韩国第一家大型制糖企业，为韩国食糖生产国产化立下了头功。以此为基础，他又创立了第一家毛织厂，并很快将其发展为具有国际水平的企业，产品成功"登陆"到了毛织品王国——英国。

1987年11月19日下午，李秉哲因肺癌而与世长辞。

安藤百福

1910年3月5日,安藤百福出生于中国台湾的嘉义。当时台湾正处于日本占领时期。他自幼失去双亲,祖父经营一家绸缎布匹商店。

1932年,22岁的安藤百福以父亲的遗产为本钱,经营起针织品生意。短短一年时间里,他创办了一家百货公司,成了远近闻名的富商。

1933年,安藤在大阪设立日东商会,从事针织品贸易以及光学机器和精密机械的制造,同时进入大学学习经济。二战期间,安藤因有倒卖物资的嫌疑,受到日本宪兵的严刑拷问。后来,安藤的一家信用公司破产,安藤几乎赔光了所有的财产,只剩下一间简陋的小木房。

1948年,安腾百福成立了日清公司的前身——中交总社食品公司，在大阪府南部的海岸从事制盐业。此时，安藤正式加入日本国籍。

战后日本食品严重不足，安藤百福偶尔经过一家拉面摊，看到人们顶着寒风，排起二三十米的长队购买拉面。饥饿催生了灵感，安藤想，假如能有一种加入热水就能食用的速食面，一定很受欢迎。

1963年，日清食品在东京证券交易所及大阪证券交易所上市。

1971年，日清纸杯装即食面打开了海外销路。此后，安藤在中国、菲律宾、英国、巴西、新加坡、韩国等国建立工厂，构建起庞大的"方便面帝国"。目前，日清公司每年销售额超过3 000亿日元(约合27亿美元)。

1981年，安藤百福将日清食品株式会社总裁一职交给长子，自己担任董事长。两年后，因儿子管理不善，他再度担任总裁。

1999年，安藤将总裁的职位交给二儿子。直到95岁，安藤才正式辞职，卸去董事长一职，改任创业者会长。

2007年1月6日，安藤百福因心脏病逝世，享年96岁。

陈 弼 臣

1910年，陈弼臣出生于泰国春武里府，祖籍中国广东潮阳县。7岁入峡山作新小学，由于家境贫困，放学后常要去田间劳动，夜里在小豆油灯下补做作业。他学习刻苦，以优异的成绩考进潮阳六都中学念书。但因缴不起学费，读到初二上学期便辍学了。

1927年，陈弼臣来到泰国。初到泰国，他当过搬运工、厨工、小贩，由于他写得一手好书法，笔划苍劲有力，先后给十余家商号写招牌。他还打得一手好算盘，曾在两家木材行当了4年管帐。由于办事能干，为郑景云先生所赏识，委任为兴隆有限公司全权经理。

1944年，陈弼臣联合中泰商贾，集资20万美元，在曼谷叨察旺路开设"盘谷银行"。1946年银行赢利230万铢，存款额达4700万铢，银行职员也从23人增加到74人。

1977年，陈弼臣让位于汶初担任盘谷银行的董事长。盘谷银行在国内建立了182个分行，在国外设立了14个分行。

1982年，盘谷银行的总行从古老的华人街迁到是隆路的33层摩天大楼，开始了新的一轮的发展。

1984年，陈弼臣的盘谷银行，总资产达83亿美元，在泰国内设有260家分行，营业额占泰国金融市场总额的30%以上；在世界各地设有15个分支机构，同时还拥有140家保险、金副和船务公司。

陈弼臣深受泰国政府的重视和民众的爱戴，国王和政府曾多次颁赐他各种勋章。他曾担任泰国社会福利基金会主席、泰国中华总商会永久名誉主席、泰中友好协会顾问等职。

1988年1月3日陈弼臣逝世。由次子陈有汉担任现任盘谷银行总裁。

井 植 薰

1911年2月9日,井植薰出生于日本淡路岛一个撑船运货的船夫家庭。未满4岁,父亲就因病逝世。母亲带着8个儿女饱受生活的煎熬。井植薰14岁高小毕业的第二天,就离开家乡来到大阪,他在姐夫松下幸之助的"松下电器制作所"当学徒。24年之后,井植薰在松下公司已经从最初的学徒成为了松下公司举足轻重的人物了。

1949年12月30日,井植薰离开了松下公司。1950年,井植薰和大哥用积蓄的2 000万日元办起了三洋机电公司。1952年3月,三洋公司生产的SS—52型收音机上市了,商店的零售价为8 950元,大大低于国内同类型收音机的价格,而且塑料外壳非常新潮。这种"价廉物美"的收音机很快就赢得顾客的青睐;三洋电机由此一鸣惊人,三洋新型收音机的销售直线上升,当年就达 7.7 万台,第二年又猛增一倍,达 15.8 万台,市场占有率跃居日本第二,仅次于松下公司。进入 20 世纪 60 年代后,井植薰在香港、台湾、加拿大、巴西、美国等地建立了分公司。到 80 年代末,三洋电机海外企业的直接生产销售总额为 5 000 亿日元,雄踞全日本榜首。三洋电机株式会社终于成为名副其实的横跨三大洋的跨国集团公司。

1985 年,当他从总经理的职位上退下来后,仍然无时无刻不在为企业的经营和发展殚精竭虑。1987 年 8 月 13 日,年已 77 岁的井植薰先生在认真处理完一件三洋产品的质量问题之后,骤然去世,应验了他"将死在工作中"的预言。

三洋公司经过 50 年的发展,目前已经是一家拥有 4.5 万名员工,在世界各地拥有 101 家分公司和营业所的大型现代化企业集团。近年来,年销售总额均超出 1.5 万亿日元,产品畅销世界各地,特别是在锂电池技术、太阳能光电技术、冷冻储运技术和环境保护技术方面处于世界领先地位。在 1999《财富》杂志全球 500 强排行榜上,三洋公司排名第 277 位,资产额 224.79 亿美元。

奥 格 威

1911年,大卫·奥格威出生于英国,父亲是苏格兰人,母亲是爱尔兰人。奥格威生性好动,从小就不满足于循规蹈矩地读书,在学习中会提出一些稀奇古怪的问题,与老师和同学进行争辩。后来,他进入牛律大学基督学院学习,但追求新鲜的奥格威,最终还是离开牛津大学幽暗的回廊前往巴黎,开始了他四处闯荡的生涯。

1933年,奥格威来到法国,在一家大饭店当厨师助手。很快,他厌倦了法国,回到英国卖将军牌炊具,这可以说是他广告生涯的开始。为了推销,奥格威不分昼夜地走访学校和私人大宅,他出色的口才和诚实的态度赢得了客户的信任,销售业绩良好,他后来写成一本书《将军牌炊具销售理论与实务》。

1928年,在哥哥帮助下,奥格威来到美国,实地考察美国广告业。1929年，决心留在美国的奥格威辞掉了工作，进入普林斯顿大学进修。这为他日后的广告事业打下了成功的基础。1936年，奥格威在伦敦进入由其兄弟弗朗西斯担任总经理的马瑟——克劳瑟广告公司做广告编辑，他的第一个广告客户就是原来的雇主阿加厨具公司。1948年，奥格威在纽约以6 000美元创办了奥美广告公司。他没有过多地考虑种种难题，他所做的就是为他心爱的公司奠定一个普通而又崇高的管理原则——"奥美最宝贵的资产，就是赢得客户以及所有商业团体的尊敬。"1955年至1957年，他举办了一系列的广告讲座，并在全球扩张奥美的势力。

1973年，奥格威从总裁职位退下，搬到法国多佛。虽然不再干涉公司的日常运作，但他仍与公司保持联系。直到1983年，他放弃在奥美市场服务公司的一切职务，在法国的一座中世纪城堡里过起隐居生活。

1999年7月21日，广告大师大卫·奥格威与世长辞。

奥格威把奥美广告公司从只有两名员工、没有客户，发展成全球性的集团、全球最大的传播服务公司。它在100个国家和地区设有359个办事机构，并拥有1万多名富有才干和创新思维的专业人士，为众多世界知名品牌提供专业性的策略顾问和传播服务。它与众多全球知名品牌并肩作战，创造了无数市场奇迹，它们包括美国运通、西尔斯、福特、壳牌、芭比、旁氏、多芬、麦斯维尔、IBM、柯达……

戴维·帕卡德

1912年,帕卡德出生于美国科罗拉多州普韦布洛一个富裕的律师家庭,但他从小就对那些繁琐的法律条文不感兴趣,他喜欢的是自己搞小发明、小创造,即使为此拇指受过伤,也没有阻挡住他的兴趣。

1930年,帕卡德考入了著名的斯坦福大学电机工程系,在这个出名的电子学圣地开始了求学生涯。

1939年元旦,帕卡德和休利特正式签署合伙企业协议,用掷硬币的方式决定将谁的名字放在前。休利特的运气不错,合伙企业被注册为"休利特—帕卡德公司",简称HP公司,取自Hewllet-Packard的第一个字母,但是全世界的人更熟悉的是它的缩写HP,这已经是成功企业的象征。

1959年,当惠普公司在帕卡德的领导下日益发展时,他敏锐地注意到公司员工热情似乎不是很高，而这时的惠普股票节节攀升，他们有什么不满意吗？仔细调查之后，帕卡德明白了，只有让职员持有公司股票，才能充分调动他们的积极性。这就是后来风靡美国的职工持股计划，员工作为公司主人，立即使得公司面貌一新。帕卡德又一次成为了全国的名人。

1995年，帕卡德出版了自己的伟大著作《惠普之道》，给全世界的企业家们树立了一个很好的榜样，1996年3月26日，这个伟大的实业家因病逝世，但却留下了太多的精神财富。

著名公司"惠普"的创始人之一，硅谷创业的元老人物，一代产业巨子，将一个小公司发展到全世界第三大电脑公司，曾担任过美国国防部副部长，树立了著名的"惠普之道"。

丰田英二

1913年，丰田英二出生于名古屋市西区堀端町。

1925年之后，汽车开始在日本流行。那时候日本没有自己制造的汽车，都是欧美货。在欧美各国竞销下，日本的汽车数量突然激增。丰田英二念中学的时候，几乎每天报纸上都有汽车广告，那时的他就对汽车特别有兴趣，常常把广告画上的各种汽车剪下来收集，乐此不疲。大学毕业后，丰田英二加入丰田自动机公司。

1937年5月，丰田英二调入总公司的"监查改良部"，专门负责"逐一解决用户投诉的汽车质量问题"。同年8月，丰田汽车工业株式会社正式成立，"丰田神话"由此拉开了帷幕。

1945年，32岁的丰田英二成为公司最年轻的董事，晋升为常务董事。他继承了丰田喜一郎所倡导的"Just in Time"的想法，建立了丰田生产方式的基础。但当时丰田的情况是极其艰难的，公司许多技术骨干，在战时被征召入伍，死的死，残的残，各种原因造成公司濒临破产边缘。公司为了生存，甚至在占领日本的美军军营旁，开设食品店和洗衣店，以养活员工，维持生计。

1950年，朝鲜战争爆发。战争使丰田汽车公司"起死回生"。公司的裁员计划还没来得及执行，就收到了大量的美军订单。美军向日本订购卡车。战争给丰田汽车带来了机遇。

1955年1月1日，丰田推出了第一种小轿车的车型，定名为"皇冠"。英二直接参与了开发研制，并亲自把第一辆"皇冠"车开下了生产线，接着又造出了豪华"皇冠"车。

1974年，丰田财团成立，丰田英二担任理事长。丰田财团资产达数百亿日元，以汽车工业为主体，进行各个经济领域的投资。丰田英二为了培养企业人才，创办了丰田工业大学、丰田中央研究所、国际经济研究所等一系列的教育、科研机构。

1982年，丰田英二不再担任董事长，而是退居二线，当了会长，丰田的新一任继承人不是他自己的子孙，而是前任董事长丰田喜一郎的儿子。

丰田英二为日本汽车产业的整体发展做出了重要贡献。

坪内寿夫

1914年9月,坪内寿夫出生在日本四国岛西北部的爱媛县。由于父亲经营着两所剧院,家庭收入不错。在这种优裕的环境下,他从小就有个愿望,就是乘船漂洋过海,周游世界,因此对船特别感兴趣。在这种愿望驱使下,他进入商船学校学习。

1936年,坪内寿夫从学校毕业,此时正碰上日本大规模的侵略中国,于是,他进入日本在中国东北的"南满洲铁道公司"工作。1945年8月,战败的日本溃不成军,坪内寿夫随着战败军队逃入了大兴安岭,后被苏军俘虏,押送到了西伯利亚。

1948年10月,坪内寿夫从西伯利亚返回故乡爱媛县,当时他已经34岁,看到形销骨立的儿子,父母极为心疼,将全部财产340万日元交给了他。在当时这是一笔相当大的财产，这笔巨款成了坪内寿夫创业的基金。

1949年，坪内寿夫准备继承祖业，在松山市兴建剧场，开了一家电影院。

1953年，他卖掉2家赚钱的电影院，作为振兴来岛船厂的首批资金，以后又陆续贷款千万日元来更新设备。短短8年，来岛船厂造船量就跃居日本造船业的第5位、世界造船业的第22位。

1975年，应人要求，他又涉足新闻业，重建了原先为高知新闻社主办的地方报纸《新爱媛》，超过了当时已有百年历史的《爱媛新闻》，成为当地第一大刊。

坪内寿夫是控制日本的十大财阀之一，他拥有造船、钢铁、商业、食品、金融、旅游、观光、机械、电机、运输等特大企业，统称来岛集团，有员工12.5万余人，曾经化腐朽为神奇，拯救了180家濒临破产的大企业。

郑 周 永

1915年11月,郑周永出生在朝鲜北部江原道一个贫苦的农民家庭。父亲希望他做一个农民。

1935年,郑周永只身来到仁川,在一间米店寻得待遇较好的工作,得以安顿生活。

1940年2月1日,郑周永集资办起专修汽车的"阿道汽车修配厂",在经营中他也学会了汽车原理和发动机的构造知识。当时郑周永每天早饭只有泡菜和一碗粥。郑周永的母亲和妻子每天要给工人们做饭,忙得连头都抬不起来,就是在这样的努力和勤奋下,厂子一天一天壮大了。

1945年,郑周永与几位朋友在汉城首次挂起"现代自动车工业社"。当时进驻朝鲜南方的美军车辆很多,生意非常好。

1950年1月10日,现代汽车和现代土建正式合并,成立了现代建设股份有限公司。朝鲜战争爆发，郑周永承接不少美军的工程，获得了很大利润。

1967年，在总统朴正熙的要求下，郑周永承接了京釜高速公路工程，这是韩国有史以来的第一条高速公路，经过将近2年的辛苦，公路全线竣工，郑周永还获得了一枚"铜塔产业勋章"。

1976年1月，通过引进乔治·敦布尔设计室的车型以及使用从日本国和英国学习到的生产技术。现代汽车的第一个自主车型"小马"在国内市场迅速获得成功，令现代汽车雄踞国内市场首位长达20年之久。

1992年，他以77岁高龄竞选韩国总统，打破商人不从政的常规，但是没有成功。

1998年，郑周永赶着几百头牛穿过"三八线"直接进入朝鲜，这次"牛群外交"为南北朝鲜和谈的里程碑。

2001年3月21日，韩国现代史上的传奇人物，现代集团的创始人兼名誉会长郑周永病逝，享年86岁。

林 绍 良

1916年7月16日,林绍良出生在中国福建省福清县海口镇牛宅村里一个殷实的农民家庭。祖祖辈辈都是以种田为生,家里虽然不是大富大贵,但也过得安逸自在。

1952年,林绍良把他的商贸总部迁到印尼首都雅加达,决心在其它经济领域里大显身手。当时的印尼的经济面临着如何在一片废墟上重建家园的首要问题。林绍良据此确定了自己的经营战略:从衣食住行入手,进入其它领域。

1957年,林绍良在泰国的金融巨头陈弼臣的帮助下,正式创办了中央亚细亚银行,并任董事长。同时在泗水、三宝龙、棉兰、巨港、万隆设立了14家分行和支行,逐步形成了一个自成体系的金融业务网络。有了银行做后盾,林绍良在生意场上如虎添翼。至此,一个兼有工业、商业、金融的林氏集团已初显雏形。

1965年，林绍良与他的好友林文镜等人合创华仁谊集团，华仁谊集团属下的企业达30多家，包括银行、建筑、地产、纺织、水泥、面粉、钢铁、航空运输、贸易服务等行业。

林绍良已经建造起一个令人咋舌的企业王国：由其三兄弟（另外两人为林绍喜、林绍根）三林经济开发公司拥有印度尼西亚中央亚细亚银行和华仁谊集团。前者是印尼最大的私营银行，林绍良本人占24%的股份；华仁谊集团则经营进出口贸易、制造业、建筑业；由林绍良与福清同乡林文镜共同合资组成的林氏集团专营金融业务，产业包括第一太平投资公司，业务跨越亚、美、欧、非各洲。两大集团下属200家公司，分布在印尼各个城市及世界上的一些国家和地区，涉及70多种行业。

露丝·汉德勒

1916年,露丝·汉德勒出生在美国科罗拉多州首府丹佛市。她的父母原是波兰人,为了逃兵役,像无数个到美国寻梦的移民一样,他们乘坐又热又脏的蒸汽船,来到了大洋彼岸。

19岁时,汉德勒刚上大学二年级,她个子不高,却充满好奇心,出于对电影的好奇,她只身来到了好莱坞,但她来到这个充满诱惑的地方,不是为了当电影明星,而是为了学习工业设计,幸运的是,她在大名鼎鼎的派拉蒙公司摄影片场找到了一份工作。在这里,她遇到了自己一生的爱人埃利奥特·汉德勒,他们很快相爱,并在不久后结婚。

1955年,汉德勒照着《西德时报比尔德》中一个著名卡通形象,制作了丽莉。丽莉是用硬塑料制成的,高18至30厘米。她长长的头发扎成马尾拖至脑后,身穿华丽的衣裙。身材无可挑剔，各种体征应有尽有，而且穿着非常"暴露"。芭比娃娃就这样诞生了！

1959年，第一批芭比娃娃是在日本制造的，并在美国玩具博览会上首次亮相，参展的名目是"芭比——少女的榜样"。但出乎露丝意料的是，"芭比"并没有被抢购一空，而是遭到了玩具经销商的冷遇。

1960年，经销商们完全改变了想法，订单像雪片一样飞到了美泰公司。公司花了几年功夫才满足了人们对芭比的需求，10年里，公众购买芭比的金额达到了5亿美元。

2002年，这个母亲因病去世了，150多个国家的10亿个"芭比"失去了她们的母亲。

凯瑟琳·格雷厄姆

1917年6月16日,凯瑟琳·格雷厄姆出生在美国纽约一个富裕的家庭里。

1938年从芝大毕业后,凯瑟琳曾任旧金山新闻报记者,翌年加入华盛顿邮报,担任读者来信版主编,月薪只有25美元。在这个时候,凯瑟琳遇到了一位年轻、迷人的律师,也就是她后来的丈夫——菲利普·格雷厄姆。当菲利普向她求婚时,她简直惊呆了,她几乎不相信这样一个从哈佛大学毕业、风度翩翩的精英人士会喜欢自己的羞涩和胆小。

1945年,凯瑟琳的父亲将《华盛顿邮报》的大权交给了菲利普·格雷厄姆。甚至把股权的大部分都给了菲利普。

1963年8月,已经46岁的凯瑟琳,接手了《华盛顿邮报》。

1972年6月，5名男子因私自闯入水门饭店民主党全国总部而被捕。绝大多数传媒只把此事当作不入流的小新闻。但华盛顿邮报却进行深入调查，终于发现共和党政府试图在民主党总部安装窃听器，破坏民主党的竞选活动，这就是著名的"水门事件"。

1974年，凯瑟琳成为美联社历史上第一位女董事，并任满最高的9年任期。同时她还出任美国报业出版商协会主席等职。她成功打入属于男性的新闻行业，被国际新闻协会遴选为全球50名新闻精英人物之一。

2001年7月14日，格雷厄姆不慎在水泥道上摔倒，头部受伤，之后被紧急送往医院进行救治。虽然经过几天的治疗，但是终因摔得很重，不治身亡。

凯瑟琳1963年挽救了濒临倒闭的《华盛顿邮报》，把它办成了融报纸、杂志、广播和电视于一体的庞大的媒体王国，在财富500家大公司中曾排行271位，她以一份报纸扳倒了美国总统尼克松，成为美国新闻史上的传奇人物。

玫 琳 凯

1918年5月12日,玫琳凯出生于美国德州休斯顿市,她从6岁开始照顾患肺结核病卧床的父亲,母亲则在一个餐厅中每天工作14个小时。

17岁那年,高中毕业的玫琳凯和当地的罗杰斯结婚了。这时正是经济大萧条时期,为了支撑家庭,玫琳·凯开始了她的销售职业生涯。最初,她销售儿童心理书籍,靠着坚韧的性格和善于与人交往的优势,做得非常出色。

1963年9月13日,在儿子理查德的帮助下,玫琳凯倾其积蓄5000美元成立了玫琳凯化妆品公司。成功之路总是荆棘密布,就在玫琳凯的公司要开张的一个月前,她的第二任丈夫因急病骤然去世。大家都劝说玫琳凯等待一段时间再开始事业,然而倔强的她还是出发了,而一个传奇也就此诞生了。创立第一年,在 10 来个"美容顾问"的共同努力下,公司的销售收入达到 20 万美元,第二年迅速上升到 80 万美元,并且拥有了 3 000 名女性组成的销售队伍。

1976 年,玫琳凯公司正式在纽约股票交易所上市,这是第一次由女性拥有的股票上市公司。

玫琳凯通过富有感性的管理和逐步深入的培训发挥美容顾问潜在的能力,她以不断的鼓励来提升女性的自尊和自信,为此玫琳凯公司被称为女性的"梦想公司",并获得国际上不同妇女组织的多次奖励。2000 年美国网站票选结果,玫琳凯·艾施女士荣获"二十世纪商业界最具影响力女性"殊荣。

2001 年 11 月 22 日,玫琳凯在达拉斯的家中去世了,享年 83 岁。

鲍 洛 奇

1918年，鲍洛奇出生在明尼苏达北部的铁矿村出生，父亲是一个意大利矿工的后裔。

1937年，只有19岁的鲍洛奇离开了读了三年的大学，在尼尔逊公司当了一名推销员。在推销活动中他的成绩非常好，不仅成为尼尔逊公司的王牌推销员，在整个推销行业中也被视为不可多得的推销奇才。

1940年，鲍洛奇从一个名叫安东尼奥的意大利人那儿借到了足够的资金和贝沙合作开了一家充满东方色彩的公司，这就是后来享誉全美的重庆食品公司的前身。

1951年，重庆食品公司最困难的时候，鲍洛奇曾考虑将公司转让给当地一位富有的律师。但鲍洛奇最终还是硬着头皮干下去，竟然越干越好。

1960年，鲍洛奇的重庆食品公司迅速成长起来，他发现自己再也无法像以前哪样随心所欲的支配公司了，但是酷爱权利的鲍洛奇又不愿意轻易交出他的权力。万般无奈之下，鲍洛奇挑选了一批高级干部负责公司的日常业务，由他们组成"管理委员会"，对业务进行集体管理。

1968年11月22日，鲍洛奇在纽约同雷纳德公司签订了合同，结束了他在重庆食品公司的总裁生涯，变成了雷纳德公司的股东。这次生意使鲍洛奇获得了6 300万美元的现款。他不必再为经营上的风险担忧，卸下了重食品庆公司这副重担，他可以有更多的时间发展他在北部的鲍洛奇食品公司。

山姆·沃尔顿

1918年,山姆·沃尔顿出生在美国俄克拉荷马州的金菲舍镇,是一个土生土长的农村人。从小,家境就不是很富裕,父亲干过银行职员、农场贷款评估人、保险代理和经纪人,是个讨价还价的好手,而且总能和交易的对方成为朋友。

1936年,山姆进入密苏里大学攻读经济学学士学位,并担任过大学学生会主席。毕业后正值二战爆发,山姆毅然参军,在陆军情报团服役。

1945年,二战结束后,山姆回到故乡,他向岳父借了2万美元,和妻子海伦开了一家小店,学会了采购、定价、销售。1962年,沃尔顿在阿肯色州罗杰斯城开办第一家沃尔玛百货商店。

1972年,山姆·沃尔顿在纽约的证券市场公开沃尔玛公司的股票，并获得了很大的成功。在足够资金的支持下，沃尔玛在70年代中以更快的速度发展。70年代末，就有276家分店，其总营业面积占1 250万平方英尺，销售收入达到12.48亿美元，净利润就有410万美元，两者的年增长率都超过40%。此时的沃尔玛公司，已成为全美最大的地区性折价连锁公司，成立仅10余年年销售额就超过10亿，使它成为全美最年轻的零售公司。

1983年，沃尔玛便与休斯公司合作，花费2 400万美元建造了一颗人造卫星，并于年发射升空和启用。沃尔玛先后花费6亿多美元建起了目前的电脑与卫星系统。借助于这整套的高科技信息网络，沃尔玛的各部门沟通、各业务流程都可迅速而准确畅通地运行。

1991年，沃尔玛已经成为全美最大的零售商。

1992年4月5日，山姆·沃尔顿先生逝世。

盛田昭夫

1921年1月26日,盛田昭夫出生于日本爱知县的一个酿酒世家。盛田家族是日本最古老、最有名望的从事酿酒业的家族,其生产的名牌米酒"年节松"已有300多年的历史。作为家中长子,盛田昭夫会是家中既定的继承人。

1944年大学毕业后,盛田被征召入伍。他认识了日本精密仪器会社的总工程师井深大先生,两人由此建立了长达40年的合伙关系。

1946年,盛田昭夫与井深大共同创建了索尼公司的前身——东京通信工业公司。

1957年,索尼公司生产出世界上第一台袖珍式晶体管收音机。在广告中,他们强调这种收音机小到可以放在衬衫口袋里。实际上,这种当时世界上最小的收音机还是比标准的男衬衣口袋大一点。为此,盛田要求公司所有推销员都穿上特制的衬衫,口袋比普通衬衣的大一点,刚好可以放下这种收音机。

1958年1月,索尼公司的股票在东京证券交易所上市。这时,日本和美国的众商家们才恍然大悟,但市场已经被索尼先占了!

1975年,索尼推出了"贝塔玛斯"家用录像机。

1982年9月,盛田昭夫在股东非常大会上正式宣布任命大贺典雄为公司新任总裁。

1999年10月3日,日本索尼公司的创始人、名誉董事长盛田昭夫因肺炎医治无效病逝,享年78岁。

阿尔布雷希特兄弟

1921年,卡尔·阿尔布雷希特出生,1923年特奥·阿尔布雷希特出生。

1946年,阿尔布雷希特兄弟从二战战俘营归来后,在埃森绍内贝克经营起一个100平方米的店铺。从母亲手里接过一家以卖食品为主的杂货店。当时的德国满目疮痍,人们囊中羞涩,只求有最基本的生活必需品来满足温饱。

1950年,他们有了13家连锁店。当然,当年的店还不是超市,都有售货员。卡尔·阿尔布雷希特认为最初的经营应该从1948年开始算起。

1950年,富有阿尔迪特色的折扣店成为他们的企业雏形。在坚持较少的经营门类的同时,阿尔迪还遵循低价的原则。第一家真正意义上的阿尔迪是1962年在多特蒙德开的那家分店。

阿尔布雷希特兄弟

1961年，兄弟俩将他们的帝国分成了南北两部分。特奥负责北面，卡尔负责南面。他们觉得单个管理比集体管理要好。这个分散管理的原则对阿尔迪集团的发展起了决定性的推动作用。分开经营的实质性原因在于，这样才不必在所有主要和次要问题上永远要求意见一致。当然，他们互相交换所有的信息、业绩以及成本的数据，也一起比较不同供货商的情况。

1994年起，卡尔已将企业的经营管理交给了非家族成员，特奥的两个儿子目前也参与企业的经营管理，但重大决策至今仍要由特奥拍板。在阿尔布雷希特兄弟50多年的悉心经营下，阿尔迪连锁店在德国境内已遍地开花。在那里，平均每2.5万人就拥有一家阿尔迪分店。不仅如此，阿尔布雷希特兄弟多年前就把目光投向了国际市场，并相继打入包括美国在内的12个国家。目前，阿尔迪连锁超市在德国有3 700多家，在国外有2 600多家，它同时继续以每周至少新开一家分店的速度膨胀着。

佐 川 清

1922年3月16日,佐川清出生于新圩县颈城郡板仓村一个大地主的家庭。8岁的时候,母亲因病去世。父亲在亲戚的撮合下,又娶了一个女子小学的教师为继室。这个继母的到来,使他的生活发生了彻底的变化。佐川清与继母的关系紧张,小小年纪就产生离家出走的想法。

1945年,战后的日本,百废待兴,许多地方都需要大规模的建设,对土木工匠的需求也急剧增加。佐川清凑了75个人,接下了占领军的许多工程,在他的带领下,他们提前完成了那批工程。

1948年,佐川清成立了"佐川组"。这一年,他才26岁,在这一群人中,他是老大哥。他并没有以老板自居,付给手下工人的工资是当时一般土木工的2倍。出乎意料的是,这样一来，这些工人干起活来个个像拼命一样不遗余力，工作效率出奇地高。

1960年4月，佐川捷运有限责任公司正式成立了。从1960年佐川捷运有限公司成立到80年代的20多年中，佐川捷运一直平稳、迅速发展着。到1986年，公司已经拥有221家分支营业机构，公司员工16 500名，年营业额超过2 850亿日元。佐川捷运已在日本商业运输业名列第一。

从一名普通的脚夫到一个著名的富豪，他和妻子共同创立的"佐川捷运"垄断了整个日本的货运，年营业额超过3万亿日元，名列日本商业第一，并在世界货运市场上占有重要地位。他的成功被视为日本战后的一大奇迹，大众传播媒介更将其称为"现代的神话"。

皮尔·卡丹

1922年,皮尔·卡丹出生于意大利的威尼斯近郊。

1934年,勉强小学毕业的卡丹来到小裁缝店当学徒,从此,他迈出了服装设计的第一步。他经常跑到舞台后去观察演员们绚丽的衣着,仔细揣摩各种造型,让自己的技艺和鉴赏力不断提高。

1945年,皮尔·卡丹来到"帕坎"时装店搞设计。当时,许多著名演员都在这家店订做服装,这给了他一个得以崭露头角的机会。在皮尔·卡丹成长的过程中,法国现代派作家让·郭都和画家克里斯蒂昂·贝腊的美学思想给了他深刻的影响。他把这些应用到自己的服装上,为自己赢来了许多订单。

1954年,他的第一家时装店正式开张了,地点在圣君子旧郊大街。在这里,他不断创新,制造出更多令人震惊的新闻。

1960年，卡丹开设了两家很出名的时装零售部："亚当"专营男装；"夏娃"专营高级女装。他的顾客包括前伊朗皇后、法国总统夫人及英国的温莎夫人等。

1981年，皮尔·卡丹买下了"马克希姆饭店"，他不仅是要把它作为法国烹调业的一个光辉标志珍藏起来，更主要的是以这个商标经营各种食品，包括饼干、糖果、沙丁鱼、果酱、香槟酒以及各种罐头，按照他的说法，他要把法国式的烹调和时装结合起来，体现法兰西文明的魅力。

1992年，作为惟一的服装设计师入选精英荟萃的法兰西学院，成为终身院士，不仅如此，他还建立了以服装、餐饮、家具等几十种产业组成的"卡丹帝国"。现在，在世界五大洲的80多个国家里，有600多家工厂在按照卡丹的设计，制造"卡丹"牌和"马克西姆"牌的各种产品。有5 000多家"卡丹"与"马克西姆"专卖店，其年营业额已超过100亿法郎。其总资产估计已达到10亿美元。

中 内 功

1922年8月2日,中内功出生于大阪西成区。1941年毕业于神户高等商业学校。

1943年,中内功作为一名侵略士兵曾被征调到菲律宾参战,战败后溃逃进荒原森林里,饱尝苦难。艰难困苦,养成了中内功凡是自己能做的任何事都努力去做、都奋斗到底的习性,还反省出:人类必须在互助中才能生存。中内功从菲律宾返回日本后,国内一片废墟,生活物品匮乏。

1957年9月23日,中内功在大阪千林车站前开办面积只有16平方米、员工13人的"大荣百货店",主要做药品的批发买卖;后来又改为以"主妇的店铺"作为经营方针。此后,大荣百货店便以"物美价廉,薄利多销"作为基本经营方针,大量拓宽经营范围,扩展连锁分店。

1975年，中内功成立商品综合本部和店铺运营本部，统辖整个集团的经营管理，形成中央集权型的事业部制，中内功既担任董事长，又兼任总经理，还兼任集团内许多企业的总经理；董事会成员往往兼任某事业本部的经理或掌管某个部门，对中内功一人负责；副经理以下实行经营责任制。1981年度，大荣的营业额达1.2万亿日元，继续雄踞全日本百货业的首位。

1987年，大荣集团149家公司总销售额达到3万亿日元；翌年2月底，大荣集团拥有公司达177家，资本金181.9亿元，从业人员近1.6万人，商场总面积126万平方米。进入90年代，大荣集团又全力向满足顾客文化与精神消费的领域延伸，成为称雄世界的综合性流通企业集团，拥有百货、服装、体育用品、旅游、电子计算机、家用电器、饮食、建筑、不动产租赁、金融财务等众多下属企业。

麦克斯韦尔

1923年6月10日，麦克斯韦尔出生于捷克斯洛伐克东部一个名称为索洛特维诺的穷村庄的一个个东正教犹太家庭。

1939年，纳粹德国占领捷克斯洛伐克后，刚满16岁的麦克斯韦尔加入了当地的一个地下青年组织，其任务是偷运志愿者前往法国，组织自由捷克军团，后来他也来到了法国。

1940年，麦克斯韦尔随军来到英国。当时，在英国的捷克士兵中反犹情绪也很强烈。他很快被军团除名，只能申请加入工兵部队，这是唯一能接收他的单位。英国政府把有嫌疑的外籍人员都编入工兵部队。麦克斯韦尔整天干体力活，碎石筑路，装卸弹药。每天只有两先令的收入，却累得骨头散架。尽管如此他忍辱负重，一干3年。

1947年，麦克斯韦尔开创了他自己的小型贸易公司，从事进出口业务。1951年，麦克斯韦尔又收购了一家英国出版公司，取名为帕格蒙出版社。从此，麦克斯韦尔有了自己的事业他努力工作，仅1964年一年，便出版了60种书籍，70种杂志。

1981年，麦克斯韦尔濒临倒闭的大不列颠印刷公司，推行现代化生产，麦克斯韦尔经营有方，很快使工厂扭亏为盈，更名为"英国印刷通讯公司"。

1984年，麦克斯韦尔买下英国镜报集团，在伦敦报纸市场的竞争中，他使镜报发行量从20万份上升到36万份，成为英国第二大报业集团。

1988年，麦克斯韦尔又买下了美国官方的《航空指南》。《航空指南》的买卖手续刚刚办妥3天，又以令人惊奇的高价买下麦克米伦出版公司。

1991年春，麦克斯韦尔又买了《纽约每日新闻报》，将其从困境中解脱出夹，使日发行量从30万份同升到70万份。

1991年11月5日，麦克斯韦尔死在他的豪华游艇上，死亡之谜久久轰动英伦三岛。

雷 石 东

1923年,萨默·雷石东出生于美国波士顿的一个犹太移民家庭。小时候,家境并不富有,父亲是一个卖油布的小贩,一家4口就是靠父亲的辛勤劳作而生活。

1940年,雷石东以波士顿学校300年来的最高平均分毕业,并直接进入哈佛大学。二战期间,雷石东正在哈佛寒窗苦读。勤奋加聪明让他提前修完课程。在哈佛仅学了两年半。

1944年他就获准毕业了。也就在此时,他的生活航向发生改变。正是热血青年的雷石东应征入伍,进入美军情报部,从事破解日本军事和外交密码的工作。他的工作非常出色,获得多枚荣誉奖章。

1954年,雷石东加入国家娱乐有限公司,从此与娱乐业结下了不解之缘。国家娱乐有限公司位于美国马萨诸塞州戴达姆市，是当时美国最大的影业公司之一。1967年7月，雷石东出任该公司总裁。他在这个位子上一坐就是23年。雷石东正是利用这家公司，通过多年的兼并收购，营造出一个庞大的娱乐帝国。

1994年，经过激烈争夺，维亚康姆以100亿美元收购派拉蒙影业公司，跻身全球娱乐巨头行列。当时，大多数人以为他不过是想出风头，因为100亿美元的价格实在太高。就连维亚康姆公司内部反对者也不少。雷石东以他一贯的强悍作风，力排众议，完成了收购。这次，他的赌注又下对了。派拉蒙目前已成为好莱坞五大制片公司之一。

1998年，雷石东的维亚康姆公司以369亿美元的价格收购了哥伦比亚广播公司。2002年6月，维亚康姆的市值悄无声息地超过了美国在线时代华纳，达到870亿美元。

雷石东的维亚康姆公司作为目前全球最大的传媒娱乐集团，旗下拥有哥伦比亚广播公司CBS、MTV全球电视网、Nicke1odeon儿童频道、派拉蒙电影公司等知名品牌，涉足电影、电视、出版及与娱乐相关的各项零售业务，在国际媒体市场的每一个领域都有着举足轻重的地位。

郭鹤年

1924年，郭鹤年生于印尼柔佛州新山市家中。他自幼聪明过人，而且非常好学，博览群书，成绩总是名列前茅，从英文学校毕业以后，他考入新加坡莱佛士学院。

1949年，郭氏兄弟有限公司在马来西亚的新山市正式成立，郭鹤年任董事长。经营业务以大米为主，兼营食糖、面粉等业务。

1955年，郭鹤年把公司的业务转移到食糖上，并创办了马来西亚第一家制糖厂。到20世纪70年代，在国际市场上每年上市的1 600万吨糖中，郭氏企业集团控制了10%左右的份额。在马来西亚的糖业市场上，郭氏企业则占到了80%的份额。郭鹤年成了名副其实的"糖王"。

1962年，为了扩大自己的面粉经营，郭鹤年投资兴建联邦面粉厂，从加拿大、澳大利亚进口小麦加工面粉，同时大量发展食品加工、食用油提炼等，形成粮油生产、食品加工销售一条龙企业。80年代，为充分利用面粉食油等企业原料，又开办饲料加工业。

1968年，鉴于马来西亚航运业被外方垄断局面，郭鹤年积极支持政府建立自己的航务公司，由他出资7.7%的马来西亚国际航空公司应运而生。从1968年至1977年，郭鹤年一直担任大马国际航空公司董事主席。1976年，该公司盈利高达1 800万马元。1977年，郭鹤年又在香港成立自己的利克务轮船公司，拥有5艘新船，总吨位在2.5万吨。

1970年，郭鹤年开始投资旅游宾馆业。他独资在新加坡修建香格里拉大酒店，成为当时新加坡最豪华的五星级宾馆。1981年，又在香港建造同名大酒店，并以豪华的设施、优质的服务，得到香港"最佳宾馆"的殊荣。接着，他又在吉隆坡、槟城、曼谷、汉城、北京等地兴建香格里拉酒店，构成亚太地区最大的酒店集团。郭鹤年也因"香格里拉"而名声鹊起，成为名重一时的"酒店大王"。

1980年，郭鹤年出资22亿港元入股香港电视。1993年10月，郭鹤年的嘉里传媒有限公司买下了《南华早报》的控股权。通过《南华早报》，郭鹤年持有香港电视企业的三成股权，市值3亿多元，是香港电视业的第二大股东，成了"传媒大王"。

1992年，郭鹤年退休，将事业交给他的儿子们。不过事实上，他是退而不休，仍然拥有郭氏集团的最高决策权，尤其是在对中国内地与香港的投资方面。在北京、香港、天津、深圳、福州等地，人们依然可以若见郭鹤年忙碌的身影。

艾 柯 卡

1924年10月15日,艾柯卡生于美国宾夕法尼亚州。他学习成绩总是名列前茅。他毕业于美国利哈伊大学,得了工程技术和商业学两个学士学位。后又在普林斯顿大学获硕士学位,其间,还学过心理学。

1946年8月,21岁的艾柯卡来到底特律,在福特公司当了一名见习工程师,从而开始了他在汽车业中的传奇生涯。艾柯卡讨厌当工程师,于是他了一名推销员,创造了"花56元钱买五六型福特车"的办法。由于他的出色表现,年仅32岁的艾柯卡又调到福特公司总部,担任卡车和小汽车两个销售部的经理。在总部,他开始崭露非凡的管理才能,深得上司的赏识。4年后,即1960年11月10日,艾柯卡担任了副总裁和福特分部的总经理职务,时年36岁。

1970年12月10日，艾柯卡终于如愿以偿地登上福特汽车公司总裁的宝座，成了这家美国第二大汽车企业中地位仅次于福特老板的第二号人物。

1978年7月13日，他被亨利·福特开除。不久他担任了克莱斯勒公司总经理。为了拯救克莱斯勒，确保65万员工的工作和生活，他没有简单地裁员，决定以紧缩开支为突破口，提出了"共同牺牲"的大政方针。

1983年8月15日，艾柯卡替克莱斯勒还清了所有债务。

艾柯卡把这家濒临倒闭的公司从危境中拯救过来，奇迹般地东山再起，使之成为全美第三大汽车公司。他那锲而不舍、转败为胜的奋斗精神使人们为之倾倒。一时间，他成为美国人心目中的民族英雄。

英格瓦·坎普拉德

1926年，坎普拉德出生在瑞典首都斯德哥尔摩南部一个叫艾姆赫特的小村落。他祖上是德国人，后来移民瑞典。他的祖父是个农场主，因经营不善而开枪自杀。父亲也不怎么会经营。但坎普拉德从小就有做生意的天份。5岁那年，坎普拉德曾代人卖掉一批火柴，赚了少量的钱。

1943年，坎普拉德已经17岁了，父亲对儿子十分了解，决定送给他一份特殊的毕业礼物，就是帮助他创建自己的公司。就这样，宜家（IKEA）诞生了，"I"代表坎普拉德，"K"代表坎普拉德德，"E"代表艾姆赫特，"A"是自己所在村庄的名字——艾姆赫特。宜家最初是一家邮寄公司，经营钢笔、皮夹、手表、尼龙袜等琐碎东西，几年后，坎普拉德发现了家具市场的巨大潜力。当时恰逢二战结束，瑞典人迫切需要重建家园，需要装修房子。

1953年，坎普拉德决定放弃所有的其他业务，专门从事低价位家具的经营，宜家家居时代由此开始。当时瑞典国内家具市场被制造与零售商卡特尔垄断，他们靠彼此间的订货合同排斥新的竞争对手。为了对付国内各类家具展对宜家产品的封杀，坎普拉德寻找了一家被废弃的旧厂房，并把它改造成第一个宜家仓库兼展厅，从此第一家"宜家专卖店"正式诞生。

1958年，坎普拉德在家乡经营家具零售，随后宜家很快便发展到挪威、丹麦和瑞士；1974年，宜家开辟了全球最大的市场——德国；然后又进军加拿大、荷兰；1987和1985年成功打入英国和美国，现在的宜家已名符其实地成为家具零售业的龙头老大。目前，它在32个国家开有175家店，稳稳地坐在世界最大家具零售公司的位子上。在营销研究公司Interbrand最近排出的全球100家最有价值品牌中，宜家名列第44位，比百事可乐和苹果公司都靠前。

坎普拉德是世界最大的家具零售公司"宜家"的创始人，瑞士第三富豪，2002年英国《泰晤士报》全球富豪榜第17位，资产95亿英镑。

戈登·摩尔

1929年1月3日,戈登·摩尔出生在加州旧金山的佩斯卡迪诺。高中毕业后他进入了著名的加州伯克利分校的化学专业,实现了自己的少年梦想。

1950年,摩尔获得了学士学位,接着他继续深造,于1954年获得物理化学博士学位。

1965年,摩尔发现出一个对后来计算机行业极为重大的定律,它发表在当年第35期《电子》杂志上,虽然只有3页纸的篇幅,但却是迄今为止半导体历史上最具意义的论文。在文章里,摩尔天才地预言说道,集成电路上可容纳晶体管数目,将会以每18个月翻一番的速度稳定增长,并在今后数十年内保持着这种势头。摩尔所做的这个预言,因后来集成电路的发展而得以证明,并在较长时期保持了它的有效性,被人誉为"摩尔定律",成为新兴电子电脑产业的"第一定律"。

1968年,诺伊斯和摩尔带着当时还不出名的格鲁夫自立门户,在加州维尔山的一幢旧楼中,成立了英特尔公司,新公司最初起的名字叫"摩尔——诺伊斯电子公司"。

1971年,对外公布了世界第一个微处理器"4004",宣告了"一个集成电子新纪元已经来临"。1974年,又推出了微处理器"8080"。"8080"被专家们称赞为有史以来最成功的微处理器之一,也正是从"8080"开始,个人电脑开始在全世界范围内发展起来。

1974年,诺伊斯卸任,时任副总裁的摩尔正式登上了总裁和首席执行官的宝座,开始了英特尔的腾飞路程。作为技术出身的企业家,摩尔从因自己是公司的总裁,高高在上。他十分注重技术的转化,消除英特尔研究实验室和制造部门之间的瓶颈,加快了新产品从实验室向工厂、向市场的转化。

1989年,摩尔从主席职位上光荣退休。但作为公司永远的名誉主席,摩尔巨大的影响力依然笼罩着整个英特尔公司。

和田一夫

1929年,和田一夫出生在日本静冈县热海市郊野的一个贫寒家庭,父母开办了一间名叫"八佰伴"的蔬果杂货店。作为家中的长子,和田一夫从18岁开始,边学习边帮助父母打理店中生意。

1950年4月13日,一场空前大火,烧去市内1 000多间店铺和民房,4 000多人无家可归,经营了20年的小水果蔬菜杂货店八佰伴商店也在这场无情的大火中化为灰烬。

1955年11月1日,这是一个历史性的日子,八佰伴正式实行现款交易和低价出售的新举措。由于事先已做宣传,生意十分红火。

1961年,和田一夫赴美国洛杉矶考察。考察的项目主要是当时在美国零售业十分流行的超级市场,向他们学习管理技术和经营策略。回到日本后,和田一夫便着手将自家的老店改成超级市场。也就是这一年,33岁的他正式接替了父亲的社长职位。从此,八佰伴进入和田一夫时代。

1971年9月24日,巴西八佰伴首间百货公司开张。

1994年,和田一夫不惜负债求发展,令集团潜伏下巨大的危机。由于过度扩张和市场定位不准,八佰伴兵败北京;1995年,上海新世纪商厦也陷入严重危机……八佰伴的经营开始极度恶化,债台高筑,欠下13亿美元的巨额债务,公司不得不于1997年9月18日宣告破产!他的破产也同样破了吉尼斯世界纪录。

李 文 正

1929年,李文正出生于印度尼西亚东爪哇的玛琅镇,祖籍是中国福建的莆田。在中学时期,他担任东爪哇华侨学校学生会主席,因组织学生参加反抗荷兰殖民者的斗争,并帮助开展宣传及运送药物,被荷兰殖民地政府逮捕入狱。1947年被驱逐出境后,他返归故土,考入南京的中央大学哲学系。1949年他来到香港。

1960年的一个晚上,因营运不佳而濒临倒闭的基麦克默朗银行的经理皮拉马·沙里,受到误传的影响,登门拜访李文正,请求李文正投资20万美元,拯救这家银行。从当时的情况看,基麦克默朗银行的生机似乎十分渺茫,而李文正腰包里只有2 000美元,但他当机立断,大胆地接受挑战,答应筹措这笔资金。

1975年，李文正由于与部分股东不和而辞去泛印度尼西亚银行执行总裁的职务。此前，由于他在金融事业上频频告捷，早已引起他的同乡——印尼首富林绍良的注意。他刚一辞职，林绍良便邀他出任中央亚细亚银行董事及总经理。仅仅3年，中央亚细亚银行就成为印度尼西亚最大的私营银行。到1983年，中央亚细亚银行的资产总额比原来增加332倍，存款额增长1 253倍，在全印尼设有32处分行，遍布印尼各大城市，形成全国最大的私人银行网。在新加坡、台北、香港、澳门、台北和新加坡以及美国的加州、纽约州、阿肯色州也都设有分支机构。至此，中央亚细亚银行已成了公认的东南亚最大的银行。

1988年，李文正与林绍良再度合作，创立了力宝集团公司，主要拓展海外业务。该集团由李文正任董事长，除李文正和林绍良是大股东外，印尼总统苏哈托的长子和长女也各拥有16%的股权。如今，力宝集团在国内外的资产已超过60亿美元，属下有40多家公司，其业务范围十分广泛，包括金融、房地产、制造和修理业等。仅1992年，力宝集团在香港的纯利润就达2.11亿港元。

乔治·索罗斯

1930年，乔治·索罗斯出生在匈牙利布达佩斯一个富裕的犹太家庭。

1947年，17岁的索罗斯离开匈牙利，到西方国家寻求发展。

1953年春，索罗斯从伦敦经济学院学成毕业，带着仅有的5000美元，索罗斯来到了纽约，在朋友的介绍下，成了梅叶公司一名专事黄金和股票的套利商。

1973年，索罗斯和好友罗杰斯创建了索罗斯基金管理公司。同年，埃及和叙利亚大举入侵以色列，以色列由于武器落后而惨败。从这场战争中，索罗斯联想到美国国防部可能会花费巨资用新式武器重新装备军队。于是索罗斯基金开始投资那些掌握大量国防部订货合同的公司股票，这些投资为索罗斯基金带来了巨额利润。1979年,索罗斯将公司更名为量子基金。

1997年,索罗斯及其他套利基金经理开始大量抛售泰铢,泰国外汇市场立刻波涛汹涌、动荡不宁。泰铢一路下滑,泰国政府动用了300亿美元的外汇储备和150亿美元的国际贷款企图力挽狂澜。但这450亿美元相对于无量级的国际游资来说,犹如杯水车薪,无济于事。索罗斯飓风很快就扫荡到了东南亚大部分国家,使得其货币纷纷大幅贬值,导致东南亚工厂倒闭,银行破产,物价上涨等惨不忍睹的景象。这场扫荡东南亚的索罗斯飓风一举刮去了百亿美元的财富,使这些国家几十年的经济增长化为灰烬。人们开始叫他"金融大鳄",在一些亚洲人的心中,索罗斯甚至是一个十恶不赦、道德败坏的家伙。

沃伦·巴菲特

1930年8月30日，巴菲特出生于美国内华达州的奥马哈市，他出生的时候，正是美国金融危机爆发最严重的时候。巴菲特刚满周岁时，父亲就失业了。贫穷的家境使巴菲特从小就对钱产生了极大的渴望。

1940年，10岁的巴菲特随父亲来到纽约。他被华尔街股票交易所的景象迷住了。一年后，这个少年第一次进行股票投资，以每股38美元的价格买进了一种公用事业股票，不久，这只股票的价格上升到了40美元，巴菲特将股票抛出。首次投资虽然赚得不多，但却给他带来了无比的喜悦。

1943年，巴菲特的父亲当选为国会议员，全家迁到华盛顿。

1947年，巴菲特进入宾夕法尼亚大学沃顿商学院改读财务和商业管理。在巴菲特没有确定自己的投资体系之前,他和绝大部分投资者一样做技术分析、听内幕消息。这就是真实的巴菲特,他不是一生下来就是个投资天才。

1956年,巴菲特建立了"巴菲特有限公司",亲朋好友凑了10.5万美元,其中有他的100美元。他正式开始了自己的职业投资生涯。

1966年春,美国股市牛气冲天,但巴菲特却坐立不安,尽管他的股票都在飞涨,但却很难再找到符合他的标准的廉价股票了。虽然股市上疯行的投机给投机家带来了横财,但巴菲特却不为所动,因为他认为股票的价格应建立在企业业绩成长而不是投机的基础之上。

1968年,巴菲特公司的股票取得了它历史上最好的成绩:增长了59%,而道·琼斯指数才增长9%。巴菲特掌管的资金上升至1.04亿美元,其中有2 500万美元是属于巴菲特的。

1980年,他用1.2亿美元、以每股10.96美元的单价,买进可口可乐7%的股份。到1985年,可口可乐改变了经营策略,开始抽回资金,投入饮料生产。其股票单价已涨至51.5美元,翻了5倍。至于赚了多少,其数目可以让全世界的投资家咋舌。

1999年末,美国《纽约时报》评出全球十大顶尖基金经理人,巴菲特依然名列榜首。英国《金融时报》评选的最受尊重的企业家中,1999年巴菲特名列第六。2001年《福布斯》

杂志富豪排行榜，他以 323 亿美元资产位居第二，仅次于比尔·盖茨。2008 年 3 月 6 日，《福布斯》杂志发布了最新的全球富豪榜，巴菲特由于所持股票大涨，身家猛增 100 亿美元，达到 620 亿美元，问鼎全球首富。

默 多 克

1931年3月11日生于澳大利亚墨尔本,后加入美国籍。其父基思·默多克爵士是著名的战地记者和出版商。默多克毕业于英国牛津大学伍斯特学院,在伦敦《每日快报》当过助理编辑。

1981年,默多克购入《英国泰晤士报》和《星期日泰晤士报》以及所属三份周刊,从而控制了英国30%的报纸发行量。后又买下美国的《芝加哥太阳时报》,并控制在电影和新闻界中有影响的华纳通讯公司。默多克还是安捷航空公司董事长、美国出版公司董事长、城市邮报出版公司董事长、国际新闻有限公司董事长。

1984年任路透社持股有限公司经理。后任澳大利亚默多克新闻公司总经理。他创立的默多克新闻公司是澳大利亚最大报系，除经营电视外，还在澳大利亚和英国、美国、新西兰拥有数十家报纸、杂志。90年代，默多克又在美国建立了与哥伦比亚广播公司（CBS）、全国广播公司（NBC）、美国广播公司（ABC）三大电视网比肩而立的电视传媒王国——福克斯电视网（FOX）。默多克的个人财产已超过110亿美元。默多克三次结婚，与第一任妻子帕特生下一个女儿后不久便分道扬镳。1967年，默多克与当时担任英国《每日镜报》记者、19岁的安娜结婚，在32年的共同生活中，育有两男一女。默多克现任妻子为华裔女子邓文迪。

默多克所创建的新闻集团是当今世界上国际化程度最高的传媒公司，净资产超过400亿美元，集团经营的核心业务涵盖电影、电视节目的制作和发行，无线电视、卫星电视和有线电视广播，报纸、杂志、书籍出版以及数字广播、加密和收视管理系统开发。默多克拥有世界各地的109家日报、双周刊和15家周报，这些报纸和周刊遍及全球每一个时区，每周总计约有6 000万份的发行量。英国40%的报纸都由默多克控股，澳大利亚有三分之二的报纸都由默多克控制。

德鲁拜·安巴尼

1932年，德鲁拜·安巴尼出生于古吉拉特邦西部的一座小城。他是一名贫穷教师的第三个儿子。这名成绩糟糕，数学尤其差的学生从小热爱冒险，性格强悍。童年时以捉蛇为乐。

1939年，德鲁拜追随长兄到也门共和国打工，在壳牌公司的加油站做一名服务生。在也门，德鲁拜初次显露出他的投机能力。通过一个偶然的机会，德鲁拜发现一种也门银币含银量价值居然高于它的面值，于是开始大量兑换这种银币，把它们熔化后提纯，铸成银条出售给伦敦的贵金属中间商。由于银币在市面大量流失，德鲁拜的初次"创业"在三个月后被政府发现而被迫停止。不过，德鲁拜也已藉此进账数十万卢比，获得了自己的"第一桶金"。

1959年，德鲁拜回到印度，在孟买和一个表兄用1.5万卢比创办了信实商业公司,从事香料和纺织品出口生意。他们位于拥挤市区的办公室只有一部电话、一张桌子、三把椅子和两名员工。如果德鲁拜、他的表兄和两名雇员都在公司,会因为少一把椅子,使得其中一人只能去走廊里喝茶的地方待着。

1966年,德鲁拜的公司在艾哈迈达巴德成立了一家纺织厂,开始进入纺织行业。在接下来的10年里,他不遗余力地在印度推广自己的品牌。据说,德鲁拜曾经在一天里主持了100家连锁店的开张仪式。1981年,英迪拉·甘地政府决定发放聚酯纤维的生产许可证,400家印度企业提交了申请。只有两家企业得到了许可证,德鲁拜的信实独占了1万吨年产量的生产许可。一年之后,由于政府两次抬高生产原料聚酯切片的进口税,另一家得到6 000吨许可的奥凯丝织品公司不得不放弃生产。1992年,信实公司成功登陆纽约证券交易市场,成为印度第一家进入国际资本市场的企业。5年之后,信实在国外成功地发行为期100年的债券1亿美元和30年期债券2.14亿美元,创亚洲有史以来的最高纪录,信实由此跻身于IBM、可口可乐和迪斯尼等发行世纪债券公司行列。

2002年,德鲁拜因心脏病突发去世。在德鲁拜2002年去世前,信实集团在化纤、石油化工、石油提炼、石油开采、电信、电力、金融服务、对外贸易、生命科学等领域打下了坚实的基础。此外,该财团的收入也从商品销售转向金融服务这样的新兴产业。信实集团的资产一度达到印度GDP的4%。

堤 义 明

1935年，堤义明出生在日本一个富有的"政商两通"之家。父亲堤康次郎创立了家族企业西武集团，在日本的政商两界，都打下了良好的基础。

1965年，堤康次郎因病去世了，未满30岁的堤义明成为西武集团的最高掌权者。当时的西武集团是一个中等规模的实体，在百货、化工、铁路、旅游方面都有一定的基础。但众人对这样一个貌不惊人的年轻人并不很信服。

1975年，经过深思熟虑，他决定退出地产业，转向以休闲、观光为主的服务业。在投资时，堤义明认为：一个孤立的娱乐项目很难吸引大众的眼光，只有当一个地方风景优美、交通便利、饭店舒服、周围娱乐项目多才能够成为"热点"、"亮点"。于是，购置大片土地，进行大规模、综合性开发，让这个地方成为旅游观光胜地。

2005年3月3日,一副冰凉的手铐戴在了前世界首富堤义明的手上,原因是他违反《证券交易法》。这一事件甚至牵连到日本首相小泉纯一郎,他被要求回答和堤义明是什么关系。因为,小泉曾多次下榻在堤义明拥有的东京赤坂王子酒店。

说起提义明的西武集团,日本企业界都承认,这个企业集团,已经跟新日本钢铁集团、三菱重工业集团同列为日本三大企业组织。西武集团共有170家大规模企业,职员总数十万人。外界人士谈到堤义明经营的西武集团,都敬称为西武军团,很多经济评论家更形容堤义明是西武军团的总帅。这个超大型企业集团,经营的生意主要有:铁路运输、酒店、百货公司、高尔夫球场、游乐场、职业棒球队、地产、饮食业、学校及研究所等十大类别。他拥有日本六分之一的土地,以1650亿美元的庞大家产,远远超过比尔·盖茨,是松下的10倍,洛克菲勒的4倍,两度被《福布斯》杂志评为世界首富。

杰克·韦尔奇

1935年11月19日,杰克·韦尔奇出生在美国马萨诸塞州萨兰姆市一个普通的家庭。1957年获得马萨诸塞州大学化学工程学士学位,1960年获得伊利诺斯大学化学工程博士学位。

1960年加入通用电气塑胶事业部。他的第一项任务是找到一个制造一种用于化工的新材料的示范场地,然后把工厂建立起来。在皮茨菲尔德的一座破败的楼房里,他与另外一名化学专家为了建立这座工厂,花费了许多心血和精力。

1971年底,杰克成为通用化学与冶金事业部总经理。当时的通用总裁是雷金纳德·琼斯,这个擅长于科学管理的实业家做事总是一丝不苟。琼斯坚持,挑选继任总裁必须经过对每个候选人长期仔细的考察过程,然后再理性地选出最具资格的人选。8年后,杰克终于通过了漫长而严格的考核,成为通用公司副董事长。

1981年4月,杰克成为通用电气公司历史上最年轻的董事长和首席执行官。那年他45岁,而这家已经有117年历史的公司机构臃肿,等级森严,对市场反应迟钝,在全球竞争中正走下坡路。杰克深知官僚主义和冗员的恶果,从他第一年进入通用时,他就已经尝到这种体制的恶果,现在终于可以实施自己的计划。此后的几年间,他砍掉了25%的企业,削减了10多万份工作,将350个经营单位裁减合并成13个主要的业务部门,卖掉了价值近100亿美元的资产,并新添置了180亿美元的资产。

2001年韦尔奇选择隐退,离开了通用。

杰克·韦尔奇被誉为全美头号经理。韦尔奇初掌通用时,通用电气的销售额为250亿美元,盈利15亿美元,市场价值在全美上市公司中仅排名第10,而到1999年,通用电气实现了1 110亿美元的销售收入和107亿美元的盈利,市值已位居世界第2。在韦尔奇执掌通用电气的19年中,公司一路迅跑,并因此连续3年在美国《财富》杂志"全美最受推崇公司"评选中名列榜首。在第3届评选中比位居第2的微软公司得票率高50%。

杰里·桑德斯

1936年9月12日，桑德斯出生在美国芝加哥南温切斯特街的一间小屋里。那时母亲才15岁，也只是个大孩子，父亲是交通路灯修理工，整日里酗酒闹事，很少回家。不久父母离异。

1958年大学毕业后，桑德斯想去当演员，但他的歪鼻子使这个梦想彻底破灭了。他在道格拉斯飞机公司工作了一段时间，当一名空调系统设计师。仅仅工作几年他便发现，推销比工程师赚钱要快，于是又去摩托罗拉当销售经理。

1969年，桑德斯决心自己创业，他联络了仙童公司的旧同事，因为他知道那种忽然之间没有依靠的感觉，AMD成立了，开始了伟大的、令所有人为之感叹不已的征程！

1984年，AMD的股票在纽约股票交易所上市，公司已雇佣了 2 000 人，销售额为 4 亿美元。桑德斯自豪地说道："我们是一家真正的公司，有几千名员工，还有数百万平方米的厂房和产品。"

1999 年，AMD 推出了当时最成功的产品——AMD Athlon 微处理器。2000 年该产品成为全球首款运行速度达到 1GHz 的 PC 微处理器。

2002 年 4 月 27 日，杰里·桑德斯正式从"AMD"退休。

AMD 在桑德斯领导下几经沉浮，以其出色的市场销售能力把 AMD 从一个办公室设在卧室里的小公司发展成为销售额超过 24 亿美元的国际大公司。

金 宇 中

1936年12月19日,金宇中生于韩国大邱的一个书香门第。朝鲜战争的爆发打破了一家人的安宁。随着战争的逐步升级,金宇中的家境日渐衰落。

1967年3月22日,金宇中同5个人合伙创办了大宇实业株式会社。金宇中自任贸易部长。那年他31岁。当年就创汇58万美元。

1974年,大宇对外出口持续高速增长,达1.2亿美元,获"1亿美元出口塔"的荣誉。大宇的资本比8年前创业时增加了800倍,达40亿元。

1976年初,为了发展机械工业,金宇中不惜冒巨大风险,收购了有40年亏损历史的大型企业韩国机械,并在一年后使之转亏为盈,被评为优秀企业。这次冒险是金宇中一生中最大的冒险，但他也因此而获"韩国最优秀经营人"的称号。

1986 年 9 月，大宇汽车会社的轿车工厂正式竣工投产，其年产汽车 16.7 万辆，平均每两分钟生产一辆汽车。从此，大宇汽车成为了集团的旗舰产品。到了这一年，大宇集团已发展成为拥有 27 个系列产业的集团，它涉及服装、纤维、钢铁、机械、建筑、电子、造船、汽车、化工、金融、证券、保险、旅游、教育、科技等各个方面；职工人数增至 8.5 万人，海外分支机构 67 个。已经是韩国的第二大财阀，仅次于现代集团。

金宇中作为"大宇"集团创始人，仅用了 32 年时间就把"大宇"发展为仅次于"现代"集团的韩国第二大企业，世界 20 家大企业之一，资产达 650 亿美元。在一代人的心目中，金宇中及其大宇集团是韩国的象征。在韩国陷于金融危机的 1997 年，金宇中甚至仍能借危机使大宇由排位第 4 提升到第 2，被美国《财富》杂志评为当年亚洲风云人物。

菲尔·耐特

1938年,一个普通的男孩子出生在美国,和当时大多数的同龄人一样,他喜欢运动,打篮球、棒球、跑步,他的名字叫菲尔·耐特。

1964年,奈特与鲍尔曼一起,各出资500美元,创建了蓝绶带运动鞋公司,鞋由美方设计经销,在日本制造。由于最初销售收入太低,耐特一直兼做会计以养家糊口,直到1971年才不做兼职。

1972年,蓝绶带更名为Nike,这是希腊语"胜利"的意思。

1975年,为降低生产成本,耐克将日本的生产线转移至人力成本较低的韩国与台湾,后又扩大到印尼和中国大陆。到了1979年,菲利普·耐特通过策划新产品的上市及其强劲推销，市场占有率达 33%，1981 年，其市场份额甚至达到 50%，到 1990 年，耐克的年销售额高达 30 亿美元，遥遥领先于老对手阿迪达斯，而耐特本人也跑步进入了《福布斯》的美国富豪 400 人之列。

  菲尔·耐特是著名品牌"耐克"的创始人，在 1986 年至 1996 年期间，《财富》杂志排出的全美 1 000 家公司中，一直排在前 10 名之内。1991 年，耐克成为世界上唯一一家资产超过 30 亿美金的体育和健身公司。

特德·特纳

1938年11月19日,特德·特纳出生在美国俄亥俄州西南部城市辛辛那提一个富裕的家庭里。父亲是个百万富翁,但对特纳极为严厉。由于特纳在学校酗酒、打架,被学校驱逐。退学之后,特纳开始自己的流浪生活,最后回到了父亲的广告公司,担任推销员,后来做了经理。

1970年,他不顾众人的反对,买下了每月亏损3万美元,已经破产的另一个城市的17频道,虽然这可能会导致破产。果然,第一年就亏损了200万美元,如果不是广告公司的支撑,几乎这两家电视台都无法运转。

1976年12月17日,圣诞节的前八天,17频道的节目通过卫星传送到了47个州的200多万户家庭,而且每月都以增加5万户的速度上升,他的电视台终于赢利了,价值甚至达到了 4 000 万美元。

1980 年，特德提出了建立有限电视新闻网的建议，他想通过卫星和电缆一天 24 小时连续实况播送国内外重大事件。他投入了自己的 3 500 万美元财产，卖掉了所有值钱的东西，濒临破产的边缘。为了能够取得有线电视新闻网利用卫星发射的权利，他不惜与通讯委员会诉诸公堂。6 月 1 日，有线电视新闻网正式开始 24 小时连续播放实况新闻。并在美国和世界各地的主要城市都建立了新闻办事处。播放直接的和未经编辑的新闻，打破了地域界限，让一切同步发生。这是一种全新的、完全不同于以往的电视新闻。

全美最大的有线电视新闻网——CNN 的创办者特纳，开创了世界上第一个全天候 24 小时滚动播送新闻的频道，也是世界上最早出现的国际电视频道，1991 年《时代》周刊封面人物，2001 年担任美国在线——时代华纳的副董事长，个人资产高达 48 亿美元，在美国超级富豪中排名第 26 位。

谢 国 民

1939年，谢国民出生于泰国曼谷，少时回广东汕头念书，后到香港大学就学，学习经济管理，毕业后返回泰国，在国营蛋类合作社中磨炼了近5年，才获准进入正大集团。

1968年，谢国民接管正大集团，他为探索经商之道赴美学习有关禽畜新式饲养法和物色适合泰国的优良鸡种。

1971年，美国洛克菲勒资助的国际经济机构的爱白益加种鸡公司与正大创立并联营爱白益加泰国有限公司，引进了美国优良鸡种。此后该公司与美合作搞新技术及全套自动化养鸡生产线，现已发展成现代化养鸡场。

1973年，谢国民在投资局的支持下成立了曼谷饲料有限公司和曼谷农场、家禽加工公司。后来，正大国际投资有限公司先后在美国创设3家分公司，最大的德和有限分公司设在纽约。

1988年后，永不满足的谢国民又大力开拓房地产业，他与几家公司合作，在曼谷购买土地兴建大厦。第一期工程就投资12亿铢，正大集团占全部股份的60%。

1988年4月，谢国民开始涉足香港股票市场。上市之后，一直呈上升趋势，到年底就盈利近7 000万港元。后来，他又不失时机地收购了香港的一些百货商店，开展百货批发业务。随即挺进香港的金融业和地产业，其势头令香港企业界刮目以待。此外，正大集团还与美国最大的种鸡公司—爱白益加称鸡公司合作，在台湾设立种鸡厂，并开办卜蜂饲料有限公司。

泰国正大集团由谢国民的父亲谢易初创办并得到初步发展，1976年身为总经理的谢国民则使它迅速倔起，成为泰国以至东南亚引入注目的大企业集团。

诺兰·布什内尔

1943年，诺兰·布什内尔出生在美国犹他州的克里尔菲尔德。父亲是一个砖瓦匠，他用自己的努力工作给诺兰树立了一个光辉的榜样。

1968年，诺兰以倒数第一名的成绩毕业，迷恋游戏成了老师对他最深刻的印象，这个标签一直持续到后来。毕业之后，诺兰想到迪斯尼工作，在他眼里，那无疑是个游戏的天堂，但没能如愿，于是他只好来到硅谷的安培公司，开始工程设计，但他并没有放弃对游戏的热爱。

1971年，第一台有投币装置的"街机"研制成功了，诺兰设计出一个简便易玩的节目——"PONG（乓）"。在300美元的基础上创建了自己的公司阿塔里。这个名字取自日本棋类游戏"去"的本意，意思是"我要进攻你了"

1972年，电子乒乓游戏机上市了，第二年就成了整个游戏市场的奇迹和宠儿。它销售了大约1万台，每台售价1 200美元。1973年，阿塔里的销售额达到350万美元，1974年就猛增到1 500万美元。

1976年，年仅4周岁的阿塔里公司年收入已近1亿美元。持有一半股份的诺兰成为硅谷的传奇，他开始抛头露面，尽情享受。但是，阿塔里公司产品开始大量积压，出现严重的滞销。虽然这时推出的插卡式家用电视游戏机很受欢迎，但公司内部管理的混乱却令人异常担忧。

1977年，华纳花了近3 000万美元买下了阿塔里。布什内尔获得1 500万美元，他在公司象征性地工作了一段时间，然后脱身而去。

佩雷尔曼

1943年,佩雷尔曼出生于美国北卡罗莱纳州的格林斯保罗。他的家族是当地的豪门望族。祖父摩利斯从事金属加工业,并有3亿美元的控股公司。父亲莱蒙德拥有庞大的贝尔蒙特工业集团。

1967年至1978年,佩雷尔曼和他的父亲莱蒙德分别收购了几家机器制造厂和钢铁厂,随后运用他们握有的股份,对这几家企业进行资产重组,清除掉一些低利润的生产部门,优化了资产结构。经过这几次收购、兼并,佩雷尔曼在尝到甜头的同时,也掌握了一些兼并技巧和操作方法,为事业发展打下了基础。

1978年4月,佩雷尔曼离开父亲,自己单干,以200万美元购得科恩—哈特菲尔德产业的34%股份,成为他独立后做成的第一笔生意。没过多久，他又卖掉了自己所拥有的这家公司的大部分股份，将资金集中起来炒股票。靠这一买一卖一炒，他不但收回了原有资本，还获利1 500万美元，使本金一下子翻了8倍多。

1980年，佩雷尔曼成立了"美国多种投资控股公司"。公司成立后的第一年，佩雷尔曼靠切斯·曼哈顿国际银行组织的资助，先后从投资商布迪·考夫曼手里买进了5 000万美元的股份，显示出他雄厚的实力。

1983年，佩雷尔曼买下了麦克和福布斯联合公司的全部股份，使之成为他的全资子公司。1984年3月，佩雷尔曼又将手伸向杰克西尔公司，他买进该公司9 000万美元的股份，控制了它的经济权。随后，佩雷尔曼不惜出资1.24亿美元买下了美国烟草联合公司。一夜之间，"烟草大王"的桂冠便戴到他的头上。

1988年9月，佩雷尔曼这个兼并大王又作出惊人之举，他以1.37亿美元将TW食品公司卖掉，以7.8亿美元卖掉彩色印刷控股公司，还以2.25亿美元卖掉了烟草联合公司。年底，佩雷尔曼接管了5个陷入困境的信用合作社，将其合并后组成了吉布拉尔塔第一银行。接着，他又在政府的支持下，买下了拥有23亿资产的圣安东尼奥信用社。

1991年，佩雷尔曼已经成为美国首富了。